萨姆·沃尔顿大传

Sam Walton

"如果您热爱您所从事的工作，
那么，每天您都会想尽办法把工作做得
最好，不久，您周围的每一个人都会从您那儿感染上那份热情。"

泓露·沛霖 主编

珍藏本

中国商业出版社

图书在版编目（CIP）数据

萨姆•沃尔顿大传 / 泓露•沛霖主编. -- 北京 : 中国商业出版社, 2015.12
ISBN 978-7-5044-9130-5

Ⅰ. ①萨… Ⅱ. ①泓… Ⅲ. ①沃尔顿－S. －传记
Ⅳ. ①K837.125.38

中国版本图书馆CIP数据核字(2015)第224527号

责任编辑：姜丽君

中国商业出版社出版发行
010-63180647　　www. c_cbook. com
(100053　北京广安门内报国寺1号)
新华书店总店北京发行所经销
北京凯达印刷厂印刷
*
720×1000毫米　16开　17印张　200千字
2015年12月第1版　　2018年6月修订第1次印刷
定价：46.80元
* * * *
(本书若有印装质量问题，请与发行部联系调换)

前 言

PREFACE

全球闻名的沃尔玛公司是由萨姆·沃尔顿创立的，经过几十年的奋斗，成为全球最大的零售业王国，在2001年《财富》杂志全球500强排行榜上排名首位。萨姆·沃尔顿的财富取得如此快速，其实很简单，那就是：低价、低价、再低价。

走进沃尔玛公司的大门，映入眼帘的首先是“天天平价，始终如一”的标语，就连沃尔玛的购物袋上印的也是这句话。天天平价和一般的削价让利有着本质的区别，它是把低价销售作为一种长期的营销手段，坚持每一种商品都要比其他商店更便宜。这一指导思想使得沃尔玛成为本行业中成本控制专家，因为只有将成本降至最低，才能真正做到天天平价。

沃尔玛公司的经历是独一无二、前所未闻的。所以，把公司实际经历的事情告诉人们，我们也许可以借以帮助其他人采用这些同样的原则，将其应用到他们的梦想中，使之梦想成真。本书是他本人对自己一生经历的回顾，不仅对于美国人具有典型的指导意义，对于当代中国来说，这本书亦具有重大参考价值。

编　者

目 录

CONTENTS

※ 001 学会珍惜每一美元

一天夜里威廉斯难以入睡，打开收音机，听到广播里面正在宣布："萨姆·沃尔顿是美国当今最富裕的人"。于是他想，"萨姆·沃尔顿，不就是过去我班上的学生吗！"他激动不已——海伦·威廉斯，密苏里州哥伦比亚希克曼中学前历史学和语言学教师。

沃尔顿想，任何成功总要付出代价，而自己经历艰难困苦学到这一教训是在1985年10月，当时，《福布斯》杂志称沃尔顿为所谓的"美国第一富豪"。好极了，不难想象所有报纸和纽约的电视观众都会问"他是谁"和"他住在哪里"。接下来就会有大批新闻记者和摄影记者成群地涌向本顿维尔，沃尔顿猜想他们想拍下他跳入一个金币铺底的游泳池的照片，他们设想沃尔顿会有这样的游泳池；或者看着他用百元大钞点着又大又粗的雪茄，池边姑娘们跳着胡奇库奇舞。

沃尔顿确实不知道这些记者们会想些什么，但是他也没有准备想和这些记者媒体合作。于是，记者们便竭力想发现所有有关沃尔顿的令人兴奋的事情，例如：沃尔顿驾驶一辆破旧的小吨位运货卡车，车后是关着捕鸟犬的狗笼子；或者他戴着沃尔玛商店出售的棒球帽；或者是在小镇广场旁边的理发店理发等等——有个人甚至用摄远镜头偷偷摄下了他坐在理发椅上的模样，并登上了全国的各家报纸。接着便收到许多从未听说过的亲友从世界各地来的电话和信函，要求沃尔顿慷慨解囊。沃尔顿相信他们中有许多人确有非常正当的理由值得相助，但是他也由此了解到世界上确有各种各样的荒诞不经、刁滑无耻的骗钱者。

记得有一次他接到一封来自一位妇女的信，她直言不讳地说，“我一直拿不出10万美元买一幢房子，你能给我这笔钱吗？”至今还不断有人提出类似请求，他们写信或打电话来，要求给钱买一辆新汽车，或度假，或补牙齿，或者任何他们想要得到的东西。虽然沃尔顿是一个本性非常友善的人——他经常在街上与街坊邻居随便聊天，以及诸如此类——他的妻子海伦对人温和、性情开朗，尽其所能参与各种各样的社会活动，而且他们的生活始终非常公开。但是沃尔顿和他的妻子一度认为，这种“第一富豪”的称号是在毁灭他们整个生活方式。爱管闲事的新闻媒介会一天24小时地拜访他们的家，当他们拒绝他们时，他们就会明显地变得粗野无礼。沃尔顿告诉他们，不能把电视摄制组带到这里来，但还是无济于事。

沃尔玛公司也许是目前世界上任何地方仍在经营的最佳的公司之一，但是他们从未想到要问一问关于这家公司的情况。沃尔顿得到的印象是，大多数新闻媒介人士——有些是华尔街的金融记者——要么认为他们是一群驾着货车卖杂货的乡巴佬；要么认为他们是某种昙花一现、自吹自擂的艺术家或者是股票骗子。他们报道沃尔玛公司时，要么歪曲真相，要么存心取笑他们。所以沃尔顿家族的成员几乎本能地紧紧捂上了盖子，决不对外宣传家族中的任何人，虽然他们继续生活在公众之中，继续经常巡视、访问各个商店中的朋友。幸而在本顿维尔，沃尔顿的朋友和邻居们帮助他们挡住了大量的小报记者和无聊作家的纠缠。但是在一次沃尔顿参加的网球比赛上还是受到了《富豪名流生活方式》杂志的伏击，当时海伦就一篇文章责问了一家妇女杂志。新闻媒介通常把他描绘成一个寒酸的、古怪的土财主，一个与狗睡在一起的乡下佬，尽管在山洞中藏有数十亿美元钱财。

然而当1987年股票市场出现暴跌时，沃尔玛公司的股票也像市场上其他股票一样猛烈下跌，每个记者都这样报道说，沃尔顿损失了5亿美元。当他们问他对此事有何看法时，沃尔顿说，“那不过是账面上的损失而已”，显然，他们对此感到幸灾乐祸。但是现在沃尔顿要从某个角度说说他对金钱的某些看法。除此之外，他们的财务——像任何其他一般的美国家庭一样——完全是他们自己的事，与其他人无关。毫无疑问，沃尔顿对金钱的态度多半是同他是在美国国家历史上最艰苦时期里成长起来的这一事实有关。而他们家所在的中部地区——密苏里、俄克拉何马、堪萨斯、阿肯色等州——在那个长期受干旱尘暴威胁的年代遭受的打击更为严重。

※ 002 老沃尔顿

沃尔顿的老爸，托马斯·吉布森·沃尔顿是个工作极其努力的人。他每天起床很早，工作很长时间。他是个老实人，完完全全、彻头彻尾的老实人，许多人都记得他的正直品质。他也是一个有点儿个性特点的人。他喜欢做交易，喜欢与其他人交换任何东西：马、骡子、牛、房屋、农场、汽车等一切东西。他曾经用金菲舍的农场交换位于俄克拉何马州靠近奥米加的另一座农场。另一次，他用他的手表换了一只猪，使他们一家的餐桌上有了猪肉。沃尔顿的父亲也是他生平遇到过的最善于讨价还价的人。老沃尔顿有一种异乎寻常的本能，他知道跟某个人谈交易时对方要价可以让到多少——并且总能这样成交，而且总能和对方成为朋友——但是有时父亲出的价钱实在低得使沃尔顿感到难堪，这也许就是他不能成为世界最佳谈判者的一个原因，缺乏榨取最后一个美元的能耐。幸好，沃尔顿的兄弟巴德，从很早起就一直是他事业上的伙伴，他继承了老沃尔顿的讨价还价的才能。

老沃尔顿从未有过创建自己的事业的那种雄心和信心，他不相信举债经营。当沃尔顿长大时，他已干过各种各样的工作。他曾经是一个银行职员、一个农场主和农业贷款的评估人，一个保险代理人和不动产经纪人。早在大萧条时期，他一连几个月没有工作，最后只好上他兄弟开的沃尔顿抵押公司去做事，该公司是大部会人寿保险公司的一家代理商。老沃尔顿负责处理大都会人寿保险公司农业贷款的陈年老账，接触的对象大多数是还不出贷款的农场。在1929、1930和1931年间，他不得不从数百个曾经是小康人家的手中没收他们世代拥有的农场以抵债。沃尔顿曾经同父亲作过一些旅行，这景象是令人心酸的，对老沃尔顿来说也确实是件难事——但他尽量设法使那些失地的农民保持尽可能多的自尊心。所有这些必然会给孩提时代的沃尔顿留下深刻的印象，虽然沃尔顿不记得自己曾说过诸如“我永远不做穷人”这类话，但是从未想到过他们自己是穷人。

※ 003 沃尔顿的母亲

沃尔顿不知道是什么原因会使一个人变得雄心勃勃，但是事实是从他呱呱落地起就天然带有过多的冲动和野心，他认为他兄弟的话也许是对的。沃尔顿的母亲对她的子女怀有极大的抱负。她读过许多书，热爱教育，虽然她自己并没有受到太多的教育。她只读了一年大学，然后就退学结了婚，也许是为了弥补这一缺憾，她一开始就打定主意让沃尔顿上大学并要有所作为。沃尔顿一生中最悲伤的事情之一是，正当他的事业开始蒸蒸日上的时候，母亲年纪轻轻就去世了，她死于癌症。

沃尔顿母亲是一个相当出色的鼓励者，因为每当她告诉沃尔顿干任何事情都应该始终尽自己力量把它干好时，沃尔顿就会认真地去做。因此他总是满怀热情——有人会说是执著地——去从事他感兴趣的一切事情，以获得成功。沃尔顿总是为自己设立很高的标杆：他已树立了极高的个人目标。甚至当他还是个密苏里州马歇尔镇上的小孩子时，就早已有了雄心壮志。好几年里他一直是班上的班长。和其他孩子一起玩橄榄球、棒球和篮球，在夏天，他还游泳。沃尔顿是一个非常有竞争心的人。

在大萧条时期沃尔顿的妈妈南·沃尔顿，想到一个主意——开一家小牛奶店。所以沃尔顿早上很早就起床挤牛奶，他母亲进行加工和装瓶，沃尔顿在下午玩好足球以后就送牛奶。他们有十多个客户，他们花10美分就可以买1加仑牛奶。最最高兴的是，沃尔顿的妈妈会提取奶油做冰淇淋，沃尔顿不知道他这个胖子是不是在那时候整天吃冰淇淋长大的。

※ 004 沃尔顿的童年生活

1918年萨姆·沃尔顿出生于俄克拉何马的金菲舍镇，在那里一直住到5岁，但是他记得的最早的地方是密苏里州的斯普林菲尔德，在那里他开始上学，然后又搬到密苏里州的一个叫马歇尔的小镇。此后，他们一家住在密苏里的谢尔拜纳，在那里沃尔顿开始读高中；再后来搬到哥伦比亚镇，在那里，他读完高中并上了大学。

他们从孩提时期起，萨姆就下定决心要样样干得出色。这是他的天性。大概是在七八岁左右，沃尔顿开始给客户送报刊杂志，从七年级到大学，他都有固定的送报路线。还饲养兔子和鸽子出售，沃尔顿所做的实际上与当时的农村孩子并没有什么两样。沃尔顿从很小起就知道，小孩帮助家里养家活口，做个贡献者而不是光做个获取者是很重要的。当然，同时在这过程中也使他懂得了用自己的双手挣取一个美元是多么艰辛，而且也体会到，当你这样做了，这是值得的。有一件事他的爸爸和妈妈的看法是完全一致的，即对钱的态度：决不乱花一分钱。他们举行过一个开发新订户比赛。他忘了奖赏是多少——也许是10美元，谁知道。总之，他赢得了比赛，挨家挨户上门争取新订户。他知道他会赢，这就是他的性格。

※ 005 一美元引发理财观念

人们对萨姆作为一个亿万富豪开着一辆破旧的小货运车或在沃尔玛商店买衣服或不肯乘头等舱旅行大惑不解，人们无法理解他们为何如此保守。沃尔顿和他的兄弟姐妹们就是这样长大的。当有一枚一便士硬币丢在街上时，有多少人会走过去把它捡起来？但是对于沃尔顿来说他肯定会这样做。

有一次在密苏里州某个小机场的柏油停机坪上，我打算为萨姆露天照个相，他刚执行完一项飞行计划，我在路上丢了一枚五分镍币——试图寻他开心——并且对我助手说，“我们看看萨姆是否会把它捡起来。”飞机正在不断着陆和起飞，而萨姆急急忙忙跑过来，因为得摆好姿势准备拍照，他说：“好了，你要我站在哪里——站在那个镍币上？”当时的沃尔顿已在世界上崭露头角，准备作出自己的一番事业时，他早已对一个美元的价值怀有一种强烈的、根深蒂固的珍重态度。尽管当时他已取得了商学院的文凭，但是沃尔顿对关于货币和理财的知识却还不那么精通在行。

后来他认识了海伦一家，海伦的父亲把他的牧场和家庭企业办成一个合伙公司，而海伦和她的几个兄弟都是合伙人。他们轮流给牧场记账和做类似的其他事情。海伦拥有财务专业的学士学位，这在当时对一个女人来说确实是不同寻常的。沃尔顿并向她父亲L.S.罗布森先生请教，这本身就是一种教育。他对沃尔顿的影响很大。他是一个出色的推销员，是沃尔顿曾经遇到过的最具说服力的人之一。他深信作为一个成功的商人和企业家的成就，他的财务和法律知识，他的人生哲学对沃尔顿有很大影响。沃尔顿本来就有争强好胜的竞争性格，看到了罗布森先生的成功，使他钦佩万分。他不是妒忌，只是佩服，沃尔顿对自己说，总有一天，他也要像罗布森先生那样取得成功。总之，早在1953年，罗布森先生就向建议沃尔顿一家照他那样干。在那个时候沃尔顿一家只有很少的资产，最后合资建立了一个合伙企业，该企业后来形成为沃尔顿企业公司（WaltonEnterprises）。

※ 006 合伙经营沃尔顿企业

这些年来，他们把沃尔玛的股份全都投入了那个合伙公司。沃尔顿企业公司的董事会，即使沃尔顿一家是在达到一致共识的基础上作出决策的。有时他们有争论，有时则意见一致。但是他们控制着付给每个人的金额，即每个人得到相同的报酬。在几年的时间里沃尔顿的孩子们得到的薪水与沃尔顿、海伦的一样多，除了沃尔顿因担任公司董事长而另有一份薪水，现在则由他的儿子吉姆作为沃尔顿企业公司的首脑领着这份薪水。他们就是这样积累企业资金的，而不是到处花钱，过阔绰的生活。当然他们也从中提取了各人生活所需的钱，在沃尔顿看来只多不少。

合伙经营有以下几方面的优点：首先，合伙能使沃尔顿他们通过家族控制沃尔玛公司，把它紧紧地拴在一起，使它不致因随意地零星地抛售股份而被蚕食掉。至今沃尔顿仍然拥有公司的38%的股份，这对于任何想要以集团形式掌握沃尔玛公司的人来说，这一百分比已是一个非常庞大的份额了，这也是对付试图通过收购股票进行接管的最有效的防护办法。这也是任何一个对其家族的实力以及对其公司的增长潜力具有信心的家庭才能做到的事情。股份的转移手续早已办妥，他们也不需要为此支付巨额的赠予税或继承税。这个道理很简单：减少遗产税的最好方法是在你的资产升值之前就把它处置好。

结果证明，搞合伙企业是一种明智的经营哲学和一项伟大的战略，要是当时没有海伦父亲的建议，沃尔顿是不会想到这一点的。这决非溢美之辞或讲过了头，这是计划的一部分——把家族维系在一起并使我们的看法保持一致。

当1985年《福布斯》杂志说沃尔顿是全美国第一富豪时，确是这样，如果把沃尔玛公司当时的股价乘以沃尔顿家族持有的股份数，他们的股票也许价值200亿或250亿美元，或者如他们所说的那样，无疑沃尔顿是最富的人。也许整个家族真的拥有那么多资产，但是沃尔顿本人未必有那么多。因为海伦和沃尔顿只拥有他们整个家族所有股份的20%。而且不管怎样，只要沃尔顿能做到——他相信这种态度将至少持续到下一代——他们在沃尔玛公司的大部分股份将留在它原来的公司内。他们不需要钱也不需要买一艘豪华游艇，更没想到要买一座小岛供外出度假之用。他们恰恰没有这种需要也没有这种雄心。有些家庭时而抛售一些股票以便维持他们阔绰的生活，接着就加快出售——直至有人把它全部收购过去造成破产。

※ 007 富有而不张扬的沃尔顿

对沃尔顿来说金钱从来没有多大的意义，即使从保持纪录的意义上说也是如此。沃尔顿认为一个人如果有足够的食品，有优雅的地方居住，有多余的房间养猎犬，有地方打猎，有地方打打网球，并且有财力使子女们受到良好的教育，那就是富裕了。毫无疑问，沃尔顿已拥有这一切。他们也并非傻瓜。并非如有些人所描述的那样，过着贫民般的生活。沃尔顿一家都喜欢飞行，他们拥有好几架舒适的飞机，这几年来他们前后曾经买过18架飞机，但他从来没有买过一架新的飞机。沃尔顿一家也喜欢到一些风景优美的地方聚会，像佛罗里达那不勒斯的里茨卡尔顿饭店或圣迭戈的德尔科罗纳多饭店。他们居住的房子是E.费伊·琼斯设计的，他居住在费那特维尔镇的沿马路边房子里，他是世界著名的建筑师弗兰克·劳埃德·赖特的得意门生。尽管沃尔顿认为房子造价太高，但他不得不承认，房子是美轮美奂的——它呈现出一种真正简朴、自然的风格。

他们并不因为有钱而感到于心有愧，但沃尔顿觉得炫耀奢侈豪华的生活方式在任何地方都不合适，至少在他们居住的本顿维尔，这里的老乡们为了生活而辛苦挣钱。人们都知道每个人穿裤子一只裤腿只能容一条腿，有钱人也一样。沃尔顿不知道名声远扬是什么滋味，例如究竟什么原因他会接到参加伊丽莎白·泰勒在好莱坞举行婚礼的邀请？至今不明白为什么他在理发店理发会变成新闻。为什么他要驾驶一辆运货小卡车呢？他应该将自己的几只狗拴在哪里？难道关在罗尔斯罗伊斯轿车里？沃尔顿现在承认那些杂志文章也许给他带来过某些好处，同时也给他带来不少困扰和烦恼，几年来沃尔顿一直对这件事情痛恨不已。

※ 008 参加童子军

当沃尔顿开始参加马歇尔镇的童子军时，他曾与其他伙伴打赌，看他的小伙伴中谁能够第一个得到鹰徽。沃尔顿在马歇尔得到鹰徽之前，他们家已搬到另一个小镇，密苏里州的谢尔拜纳——一个人口也许只有1500人的小镇，但是他终究还是赢了这个赌注：沃尔顿在13岁那年得到了鹰徽，是当时密苏里州历史上最年轻的得到鹰徽的童子军。由于他在童子军里受过训练，在一个星期四下午从索尔特河中抢救了一名落水儿童唐纳德·彼特森，K.R.彼特森教授夫妇的小儿子。唐纳德掉入河中，水太深，他无法爬上岸来，大喊救命。和孩子们一起来的洛伊·琼斯使尽办法想把他拉上来，但是唐纳德的拼命挣扎，反而几次把琼斯先生拖下了水。在这个时候沃尔顿正巧路过，看到这种情况他从背后抓住唐纳德，用他在受训时学到的技巧把小孩拖上岸，对他施行人工呼吸。

那时唐纳德已失去知觉，全身发紫。沃尔顿花了好长时间才使他苏醒过来。报纸说他救了孩子的命——也许是，也许不是。报纸往往喜欢夸大其词。但是沃尔顿是真的将他救出了水。回顾这些孩提时的插曲，他对实干始终有一种强烈的偏爱——这已成为沃尔玛公司传奇中一个主要部分的一种特征。但是一说到这点沃尔顿就会感到有点不好意思，因为他担心有人会认为他在吹牛或试图把自己吹嘘成某个大英雄。这特别使沃尔顿烦恼，因为他从很早以前就懂得，在公众面前自我吹嘘肯定不是建立一个有效的企业组织的成功之道。一个追求个人荣耀的人决不会取得多少成就；在沃尔玛他们取得的一切成就都是人们齐心协力——协同战斗——为实现一个共同目标而奋斗的结果，这些都是沃尔顿在早年学到的道理。

※ 009 参加球队

沃尔顿在小学五年级时就开始参加球队，学习如何协同作战，沃尔顿的一个朋友的父亲组织他们拉起了一个少年美式橄榄球队。沃尔顿和他的同学们与其他城镇，如敖德萨、锡代利亚和里士满镇的球队比赛。那是沃尔顿打边锋，但他想成为跑卫或四分卫，尽管他还是个小孩，还不能挤进去抢球。球队生活是沃尔顿整个高中生活的主要组成部分——当然是校一级的球队——大学里也是如此。当沃尔顿一家移居谢尔拜纳镇时，沃尔顿参加橄榄球队的经验已超过九年级的大多数其他孩子，所以他能成为球队的二线四分卫。沃尔顿当时个子仍很小——体重只有130磅——但是他已知道许多关于阻人、绊人和传球的知识，由于他极有进取心，所以获得了校名首字母的标志。

后来沃尔顿他们又搬家了，这次搬到密苏里州的哥伦比亚镇。他就读在希克曼高级中学，那是学校里面几乎所有的活动都能够看到沃尔顿的身影，他不是人们眼中的那种天才学生，但是他学习确实用功，因此荣誉滚滚而来。他当过学生会主席是许多俱乐部的活跃分子——他尤其记得是在演说俱乐部——被推选为最多才多艺的男生。同样也是体育馆的常客。喜欢上体育馆打篮球，但是遗憾的是终究未能入选篮球队，或许是由于自己身高的原因——5英尺9英寸。当沃尔顿读高中的时候，他们还是将他选进了篮球队，当了一名后卫，有时作为一名参赛选手。他不是一个出色的投球手，但是他控球相当棒，是一个真正理想的球场指挥。沃尔顿喜欢指挥球队作战，他猜想。他们没有被打败过——沃尔顿一生中最激动人心的事情之一是他们的团队赢得了州冠军。他在高中里的运动员经历确实令人难以置信，因为他同时也是橄榄球队的四分卫，它也是常胜不败的——也赢得了州冠军。沃尔顿的球投得并不特别棒，因为他们的球队基本上是一个以跑为特点的球队。作为一名后卫来说他的速度不算快，但是沃尔顿足智多谋，有时还非常狡猾，所以能在瞬间内骗过对方，扑到球。在防守中，他最高兴的事情是教练让他打中后卫。沃尔顿对球将飞向哪里有敏锐的感觉，他猜想他自己作为一个运动员是完全有实力的。在沃尔顿整个一生中，他从来没有输过一场橄榄球赛。

由于沃尔顿曾经在希克曼丘比斯队——常胜不败的州冠军队——打过四分卫，使他在在密苏里大学所在地哥伦比亚镇附近一带早已小有名气。所以在高中里的打球经历就使沃尔顿顺理成章地进入了密苏里大学。大学里的许多学生联谊会实际上只对家境比较富裕的子弟开放，对于沃尔顿来说是没有资格参加这种联谊会的。但是他们却举行招待会邀请他加入联谊会，于是沃尔顿选择了其中最有名气的贝塔–赛塔–派联谊会，因为该组织是学校最顶尖的联谊会，多年来一直领导着该校的运动员联盟。

※ 010 沃尔顿的大学生活

当沃尔顿读大学二年级时，贝塔联谊会的同仁们推举他担任负责吸收会员的组长。因此沃尔顿买了一辆真正的老式福特汽车。那个夏天，他驾车跑遍了全州，与贝塔联谊会希望网罗的候选会员会晤。回想起当年满怀着竞争精神和勃勃雄心，沃尔顿甚至产生过有朝一日要成为美国总统的想法。就当时而言，沃尔顿已下定决心要当大学学生会主席。他早就领悟了要成为校园领导的许多秘诀中的一个，这是所有事情中最简单的事情：对人行道上迎面走来的任何人在他开口之前先主动向他打招呼。沃尔顿在校园中就是这样的。沃尔顿在送报纸时，也是这么做的。他总是目视前方，向朝他走来的人寒暄问好。如果认识的，一定叫得出他们的名字；但是，即使沃尔顿不认识，他也会主动同他们打招呼。不久，他认识的同学比大学中其他任何人都多，他们都认识沃尔顿并将他看作是他们的朋友。

沃尔顿参加了校内各种学生团体的职位竞选。他被当选为大学高年级优等生协会的主席（QEBH），这是沃尔顿所在的联谊会的一个职务，以及高年级班的班长。同时，虽然沃尔顿是在密苏里大学读书，但是却被选为伯劳尔读经班——一个由密苏里大学和斯蒂芬学院的学生组成的大班——的班长。长大后，沃尔顿每个星期天总是要上教堂和去主日学校，这已成为他生活的一个部分。他不知道自己是否笃信宗教，但他一直觉得教会是重要的。显然，在沃尔顿大学读书的几年里他很喜欢竞选公职。但是在毕业以后几年中，除了在某些市镇议会政界中作过一些尝试外，实际上沃尔顿已失去了那种在校园内竞选公职的雄心壮志了。他计划在1940年6月从密苏里大学毕业，并取得商学士学位，而且沃尔顿一直非常刻苦。他无论何时精力都非常充沛。但他对读书已感到厌倦。自从读高中起，他一直是自己赚钱，买自己所穿的衣服。这种情况一直持续到上大学，此外他的开支中还得加上付学费、饭钱、联谊会会费和交女朋友的钱，如果父母有能力的话，他们当然会乐意帮助他。但是那个时候正处于大萧条时期，他的父母根本没有多余的钱。整个读中学期间，他不得不一直送报纸，进大学之后，他增加了几条送报线路，还雇用了几个人帮忙，并且使送报成为一项相当不错的业务。沃尔顿一年大约可赚4000到5000美元，这在大萧条后期是一笔相当可观的钱财了。沃尔顿除了送报纸，他还干许多其他工作。事实上，他偶尔有点注意力不够集中。他有那么多事情要干，几乎总要忘记其中一两件。但是，当他集中注意力干某件事时，那就绝对会干好。他有时候还在餐厅当侍应生，以换取免费的一日三餐。同时他也是负责游泳池安全的主要救生员。你可以看到他是多么忙碌，你也可以明白为什么他一直如此珍惜每一美元的价值。但是当他快要从大学毕业时却准备放弃这种边打工边读书的常规做法，急于想走出校门进入社会，在一个实际工作岗位上体现自己的某些才能。

※ 011 初次接触零售业的沃尔顿

1939年，沃尔顿第一次接触到零售业。当时他家恰好搬到一位名叫休·马丁利的隔壁。马丁利曾经是密苏里州敖德萨镇上的一名理发师，后来他和沃尔顿的兄弟合伙开设了一家连锁杂货店。到沃尔顿家搬来时，该连锁店已发展到有60家左右分店。他同休·马丁利先生谈论过有关经商之道，如何做生意以及为他工作有什么好处。他对沃尔顿颇有好感，最后甚至还提供他一份工作。但是在那些日子里沃尔顿从未认真考虑过从事零售业。事实上，他真正想做的是当一名保险推销员。他高中时有个女朋友，她的父亲是通用美国人寿保险公司的一名非常成功的推销员，沃尔顿曾经和他谈论过他的业务。干保险业对沃尔顿说来是最自然不过的事，因为他想自己也是推销能手。

沃尔顿推销过各种东西。在还是个小孩子的时候他卖过《自由》杂志，每份赚5美分。然后换成卖《妇女家庭良伴》杂志，卖10美分，算计下来他可以赚2倍的钱。后来沃尔顿和这位女友分手了，但是他仍然拥有许多宏大的计划。沃尔顿本来计划拿到学位，并进入宾夕法尼亚的沃顿金融学院继续深造。但是当他紧紧巴巴地读完大学时，沃尔顿认识到即使自己继续照老办法边打工边求学，如他在大学期间所做的那样，也仍然无法筹足去深造的学费。所以他决定兑现他已拥有的筹码。于是沃尔顿拜访了来密苏里大学招收雇员的两家公司的招募人员。他们都给沃尔顿提供了工作职位。他接受了J·C·彭尼公司的职位，而谢绝了西尔斯娄巴克公司的工作。现在沃尔顿意识到，他之所以进入零售业是因为当时对读书已感到厌倦，想要有一项实际的工作。

※ 012 正式进入零售业

1940年6月3日，大学毕业刚三天，沃尔顿就到位于艾奥瓦州得梅因市的J.C.彭尼分店报到，作为一名管理部门的受训人员开始工作。月薪为75美元。那一天是沃尔顿正式进入零售业的一天——除了作为陆军军官一度短暂离开外——他在这个行业整整干了52年。也许沃尔顿天生就是个商人，也许这是命中注定。他不知道有关素质的那套说法，但是沃尔顿确信这一点：从一开始他就爱上了零售业，至今他仍然热爱这项事业。但事情绝不是一下子就一帆风顺的。不幸的是，沃尔顿的字一直写得很糟糕。海伦说过，世界上大约只有五个人能够看得懂沃尔顿写的像鸡爬的字（她不是五个人之一），而这对沃尔顿的新工作来说，一开始就引起了某些麻烦。彭尼公司纽约总部有位名叫布莱克的合伙人，负责巡视全国各地，审计公司各个商店的账户以及考核员工和各种难以归类的事情。他经常定期到这个商店来视察。沃尔顿记得他是一个身材高大的家伙，身高6英尺以上，他的衣着总是非常考究，穿的是彭尼公司最好的西装、衬衫和领带。不管怎样，他对沃尔顿的工作表现非常不满意：沃尔顿把销货发票写得一塌糊涂，并且经常不按规定操作现金出纳机。沃尔顿不得不承认这一点确实引起了某些麻烦。

每当布莱克到得梅因来时，他总会对沃尔顿这样说，“沃尔顿，要是你不是一个出色的推销员，我早就解雇你了。也许你天生就和零售业有缘。”幸运的是，沃尔顿得到了他所在商店经理邓肯·梅杰斯的支持，他非常懂得如何鼓励下属，他最引以为豪的是，他比国内的任何人为彭尼公司培养了更多的经理人才。他有他自己的一套方法，并且是一个非常成功的经理。他的诀窍是身体力行，从早上6点半干到晚上7点或8点。他们当中所有人都想成为像他那样的好经理。星期天，当沃尔顿和他的伙伴们不工作时，他们就一起上他家去——他们一共有五个人，都是男子汉——当然，他们会讨论零售业务，有时也一起打乒乓、玩扑克牌。这是一种每周七天工作的职务。沃尔顿记得有一个星期天，邓肯·梅杰斯刚收到彭尼公司寄给他的年度红利支票，他兴奋得到处挥舞着。这是一张65000美元的支票，给他们这些小伙子留下了极其深刻的印象。当詹姆斯·卡什·彭尼本人有一天亲自视察他们店时沃尔顿为彭尼公司工作了大约18个月，在他看来，这家公司的确是零售行业中的龙头。但是即使早在那个时期，沃尔顿就一直关注着竞争。就在他工作地方的那个十字路口上，有三家商店，所以在午餐时，沃尔顿经常去西尔斯和扬克商场溜达，看它们在忙些什么。

1942年初，第二次世界大战仍在进行，作为美国后备军官训练团一员的大学毕业生，沃尔顿雄心勃勃地想参军，准备出征海外为国效劳。但是军方给了他一个沉重的打击。由于有轻微的心律不齐，沃尔顿没能通过参加战斗部队的体检，而被划入执行后勤任务的部队。这一安排使他大为沮丧，由于沃尔顿等待应征服役，所以他辞去了在彭尼百货店的工作，怀着某种不太明确的念头，漫游到南方，一直走到塔尔萨，想了解一下石油业究竟是怎么回事。沃尔顿在塔尔萨附近的普赖尔镇的大杜邦弹药厂找到了一份工作。他可以找到居住的唯一住所是在工厂附近的另一个城镇克莱莫尔。在那儿他遇到了海伦·罗布森，那是在4月的一个晚上，在一家保龄球俱乐部。当时海伦外出与另一个男孩约会，这是她第一次玩保龄球。她刚滚完球，回到座位上去时——都是些陈旧的戏院式木制座椅——沃尔顿把脚搁在其中一把椅子的椅背上，他朝海伦笑了笑，并且说了句客套话，“我好像以前在某个地方看到过你？”

※ 013 坠入爱河

当沃尔顿与海伦相遇之后，他开始向她献殷勤，并堕入了爱河。她漂亮、聪颖，富有教养，雄心勃勃，具有主见，意志坚强——海伦有她自己的见解和计划。她和沃尔顿一样曾经都是一名运动员，爱好户外活动，拥有充沛的活力。对于海伦来说沃尔顿是她理想中的伴侣，因为她曾经告诉过她的父母亲，她要嫁一个精力旺盛、干劲冲天、有追求成功的强烈欲望的人。但是有的时候海伦也会觉得好笑，她会觉得自己的目标定得高了一点。在沃尔顿和海伦热恋期间，他终于收到军方征召服役的通知，由于沃尔顿有心律不齐的毛病，不能上前线作战，但他仍然能够接受后备军官训练团的任职，担任少尉军官。在沃尔顿加入陆军之时，他已解决了两件大事：第一件事情就是已决定要同谁结婚，同时确定了将从事什么行业进行谋生——零售业。

在沃尔顿参军一年之后，1943年的情人节，沃尔顿和海伦举行了婚礼，他们的婚礼在海伦的家乡俄克拉何马州的克莱尔莫尔镇举行。沃尔顿希望自己能够详细描述他勇敢杀敌的战斗经历——像好像他的兄弟巴德一样，他是太平洋舰队一艘航空母舰的海军轰炸机飞行员——但是沃尔顿的军事生涯确实是相当平淡无奇，他作为一名中尉然后是上尉，干着像监督飞机厂的生产安全和警备加利福尼亚及其附近地区的战俘营这类工作。沃尔顿和海伦共同度过了两年军营生活，1945年当沃尔顿离开军队时，他不仅决定要进入零售业，而且还决定要自己创一番事业。沃尔顿唯一的工作经验是在彭尼公司干过一阵子销售，但他有充分的信心能靠自己的力量取得成功。在沃尔顿退伍前最后一个驻地是盐湖城，在那儿，沃尔顿经常上图书馆阅读有关零售业的书。他还花了大量业余时间研究犹太人合作商会及摩门教会办的百货店，打算在解衣卸甲之后进入百货业。剩下的唯一问题是他们将到哪里去安家。

※ 014 萌生创业念头

海伦的父亲是一个非常出色的律师、银行家和牧场主，海伦则希望他和沃尔顿能够独立自主。沃尔顿也赞同她的想法，而沃尔顿认为他们的最佳创业机会也许是在圣路易斯。正巧，沃尔顿的一位老朋友——汤姆·贝茨也想投入百货业。当他们在谢尔拜纳还都是小孩子时，沃尔顿就认识汤姆了。汤姆的父亲拥有城里最大的一家百货店。汤姆和沃尔顿是在密苏里大学时的贝塔–赛塔–派联谊会同一宿舍的室友。正当沃尔顿要离开军队时，他在圣路易斯遇到了汤姆。他当时在巴特勒兄弟公司的鞋靴部工作。巴特勒兄弟公司是一家地区性零售商，它由两家特许经营的连锁店组成：一家由小型百货店组成的连锁商店“联合百货店”；另一家由杂货店组成的连锁店，名叫“本·富兰克林商店”。这种杂货店曾经被称作“五分钱商店”或“一角钱”商店。在汤姆的建议下他们两人合伙，各拿出2万美元，买下圣路易斯市内德尔马大街上的一家联盟商店，沃尔顿当时觉得汤姆的主意不错，沃尔顿和海伦的手头只有5000美元左右，沃尔顿认为可以从她父亲那里借到其余的钱，海伦的父亲始终对沃尔顿充满信心，并且非常支持他。

海伦对沃尔顿说，他们已结婚两年而且搬了16次家。现在海伦可以跟随沃尔顿去任何他想去的地方，只要沃尔顿不要求自己住在大城市里。对于海伦来说有一万人的城镇就够大的了。所以任何超过一万人的城镇沃尔顿一家都不考虑设店。如果你了解任何有关这一使沃尔玛公司在以后将近20年里得以不断发展的最初的小城镇战略，就能看到，这一战略几乎确定了公司今后的发展进程。海伦还说不要搞合伙企业，搞合伙风险太大。她的一家已发现有些合伙企业最终结局很糟，所以她有一个坚定的观念，要干一番事业，唯有走自己干的道路。所以沃尔顿回到巴恃勒兄弟公司，看看他们有什么其他机会可以提供给沃尔顿。公司有一家本·富兰克林杂货店要出让经营权，该店在阿肯色州纽波特，纽波特是一个棉花集散地和铁路交会点，大约有7000人口，位于阿肯色东部的密西西比河三角洲地区。

※ 015 事业起步遇挑战

一个来自圣路易斯的家伙拥有着这家店铺，他的生意一直做得很糟。他一直亏损，想尽快丢掉这个包袱。沃尔顿意识到自己就是个受骗上当的傻瓜，被巴特勒兄弟公司派到这里来救这个家伙。27岁的沃尔顿，充满信心，但是他的首要问题是不懂得如何评价这件事情，所以就迫不及待地陷了进去，他以25000美元买下了这个店面——其中5000美元是海伦和沃尔顿自己的积蓄，20000美元是向海伦的父亲借的。沃尔顿对合同及诸如此类的事情幼稚无知，后来这种无知反过来又严重地困扰着他。但是在那时候，沃尔顿深信纽波特和本·富兰克林商店具有巨大的潜力，而他始终坚信这些目标。所以沃尔顿给自己设定了一个目标：他要使他的这家纽波特的小店在5年内变成阿肯色州经营最好、获利最多的杂货商店。沃尔顿觉得自己有能力做到这点，既然能做到，为什么不去拼搏一下？沃尔顿把这个定为目标，看看能否达到这个目标。即使达不到目标，他也作了一次有趣的试验。

没有想到的是在他们做成这桩交易后，沃尔顿才了解到这家店铺确实是个烂摊子。它的营业额一年大约只有72000美元，但是它的租金是营业额的5%——在他看来，它听起来还算合理——但结果证明，这个房租是杂货业中人们听到的最高的租金。没有人按营业额的5%支付租金的。此外，这家商店还有一个强有力的竞争对手——大街对面的斯特林商店。该店有一个精明的经理约翰·邓纳姆，它一年的营业额为15万美元，整整是沃尔顿商店的两倍。尽管沃尔顿有信心，但是他在经营杂货商店方面连一天的经验都没有，所以巴特勒兄弟公司送沃尔顿到阿肯色州阿卡德尔菲亚的本·富兰克林商店接受了两周的培训。在这之后，就靠他自己了。

1945年9月1日，沃尔顿的商店在正式开张了。这是一家典型的旧式杂货店，50英尺宽，100英尺深，面临前大街，位于市中心，向外远望看得到铁路。再说回来，这类商店都有现金收银机，整个店堂每个柜台后面都有供店员走动的通道，店员们坐等着顾客上门。自助式销售当时还没有想到，这对于沃尔顿，对这个行业如此幼稚和无知实际上倒是一件好事，因为从这一经历中让他学到了一个使他终生不忘的教训：你可以向任何人学习。不仅通过阅读手头可以得到的每一本有关零售业的书刊进行学习，也许更多的是通过研究街对面的约翰·邓纳姆先生的做法中学到了大部分管理经验。事实证明，经营一家商店有大量东西需要学习。当然，真正推动沃尔顿的是来自街对面的竞争——约翰·邓纳姆的斯特林商店。沃尔顿总是关注着约翰所做的一切，注意他的商品价格，观察他的商品陈列，看他如何经营。他总是在探索如何把工作做得更好。沃尔顿从未有过这样强有力的竞争对手。

※ 016 本·富兰克林的会计制度

沃尔顿从管理一家本·富兰克林特许商店中学到了大量有关经营的知识。本·富兰克林对管理各个独立商店有一个出色的经营计划，某种关于如何经营一家商店的刻板的程序。经营商店本身就是一种获得知识的实践。本·富兰克林有自己的一套会计制度，有工作手册告诉你该做什么，何时做以及怎样做。它们有商业报表，有应收账单，有损益账单，有小型分类账簿，称之为“对照昨天账簿”（BeatYesterday），在账簿中你可以按日对今年的销售量与去年的销售量作比较。它们拥有一个独立商家经营一家受控制的企业所需要的全部经营工具。

沃尔顿在会计核算方面以前没有经验。他在大学里会计学成绩平平，所以只是根据它们的会计体系进行记账。事实上，沃尔顿在打破本·富兰克林的其他种种规则很久之后，他仍然利用了它们的会计制度。沃尔顿甚至使用它来管理开头的五六家沃尔玛商店。本·富兰克林特许经营计划对沃尔顿这个渴望学习的27岁的年轻人来说是很有帮助的，巴特勒兄弟公司要求沃尔顿刻板地照本本办事——照他们公司的本本。该公司实际上不允许它们的各个特许经营者有较多的自行处置权。商品是在芝加哥、圣路易斯或堪萨斯城集中调配的。由公司决定卖什么商品，卖什么价钱，以及它们批示的价格。他们告诉沃尔顿，公司选择的商品正是顾客所需要的东西。他必须从公司至少订购80%的商品，而如果沃尔顿这样做了，到年终时就能得到一笔回扣。如果他想得到6%或7%的净利润，就必须雇用多少帮工和做多少广告。这就是大部分特许商店经营的情况。

※ 017 制定促销计划

刚开始的时候沃尔顿按照它们的本本经营自己的商店，因为他确实不知道如何做得更好。但是没有多久沃尔顿就开始进行尝试了——这也是他我现在正在做和一直在做的事情。不久就制定了自己的一套促销计划，于是他开始直接向制造商购买商品。他费了大量口舌与制造商打交道。他对那些制造商说："我想直接购买这些缎带和领结。我不希望你们先把它们卖给巴特勒公司，然后我不得不多付25%的钱再向他们购买。我要直接订货。"在大多数情况下，这些制造商不想触犯巴特勒兄弟公司，所以他们拒绝了沃尔顿。不过，沃尔顿也能找到一家愿意通融并按他要求行事的制造商。

这就是大量的经营惯例和管理哲学的开端，它们在今天的沃尔玛公司仍然行之有效。我总是在寻找一些并非传统的供应商或供应来源。开始，沃尔顿驾汽车到田纳西州找到几位批发价格供货的朋友。其中有一家是尤宁城的赖特贸易公司，它按优惠的批发价格给像沃尔顿这样的小企业出售商品。沃尔顿会在店里忙碌整个白天，然后在店打烊后驾车上路，一路上风尘仆仆赶往位于密苏里州科登伍德波因特的密西西比河渡口，进入田纳西州，他的汽车后面挂着一辆自制的拖车。沃尔顿通常会在汽车里和拖车上塞满他按优惠价买到的任何货物——通常是一些好销的纺织品：女人的紧身裤、尼龙袜、男衬衫等等。沃尔顿把它们买回来，再按低于其他商店的价格出售。

不得不说，沃尔顿的这种做法使本·富兰克林公司的那班人气疯了，他们不仅在销售额上无法抽成，而且在采购价格上也无法同他竞争。后来沃尔顿开始向田纳西州以外地区扩展业务。由于这样那样的原因，他与纽约的一位名叫哈里·韦纳的制造商代理人通过信件拉上了关系。他在纽约的第七大街505号开设了韦纳采购服务公司。这家伙经营的是一种非常简单的业务。他访问所有各种不同的制造商，然后列出它们要拍卖待售的货物清单。当某个人（像他那样）给他一份采购定单后，他就把定单交给有关工厂，并收取5%的佣金，然后厂商就会把货物发运给沃尔顿。与本·富兰克林的25%相比，这5%的佣金对沃尔顿来说是相当合算了。

※ 018 与哈里·韦纳的合作

有一笔与哈里所做的生意，这使沃尔顿终身难忘，对他来说这是他做过的一笔最好的生意，也是沃尔顿早期在定价知识方面所学到的重要的一课。这一课让沃尔顿确立了看问题的思考方向——这种思想最终成为沃尔玛公司的经营哲学的基础。如果你对“沃尔玛公司的经营方式”感兴趣，这是一个你必须详加考和注意的例子。

哈里按每打2美元的批发价经销女内裤——腰部有弹性的双线斜纹缎的紧身裤。他们过去一直按每打2.5美元向本·富兰克林公司购买相同的紧身裤并按1美元3条的零售价出售。因此，如果按哈里的每打2美元的价格，沃尔顿他们就能按1美元4条的价格推销他们的商品，并且为他们的商店作了一次很大的促销。通过这件事情使他们明白一个简单的道理——同时这也是其他每个人都知道的道理，它最终改变了全美国零售商出售和顾客们购买商品的方式：比方说如果按80美分买进一件东西，买过之后发现如果按1美元定价出售，其销售量是按1.2美元定价出售的销售量的三倍以上。每件商品所赚的利润也许只有按1.2美元定价的一半，但由于卖出了三倍的货物，总的利润大大增加了。道理简单得很，但是这恰恰是折扣销售的实质所在：通过削价，你可以扩大销售额并达到以下目的，即你按较低零售价出售赚得的利润大于按较高零售价出售货物所得的利润。用零售业的行话来说，你可以降低标价，但赚取的钱却更多，因为销售量增加了。

沃尔顿在纽波特时就开始仔细考虑这个想法，但在10年之后他才认真对待这个问题。他在纽波特无法贯彻这个思想，因为本·富兰克林公司的计划太死板，它不会允许沃尔顿这么干。尽管他与哈里·韦纳等人有很多生意往来，但是沃尔顿同本·富兰克林仍订有合同，合同规定他应从该店采购至少80%的商品。如果未能达到这个指标，沃尔顿就得不到规定的年终回扣。事实情况是，沃尔顿尽了一切努力扩展这一合同。他在合同之外尽可能多地采购商品，并设法达到80%这个要求。查利·鲍姆当时是本·富兰克林公司的实地管理人员，他说沃尔顿只达到70%，这件事情使得沃尔顿暴跳如雷，破口大骂。沃尔顿猜想，巴特勒兄弟公司之所以没有因此事而为难他，是因为他们的商店发展很快，从一家破破烂烂的商店一跃而成为本地区经营实绩最好的企业之一。

※ 019 一次大胆的决定

在纽波特，在非常短的时间内，事情进展得很顺利。仅仅两年半时间，沃尔顿就还清了海伦的父亲贷给他们的2万美元，对此他感到极其高兴。这意味着企业已完全是属于他们自己的了，而沃尔顿筹划，现在可以真正地按自己的意愿大干一番事业了。

沃尔顿他们试行过大量行之有效的促销行动。首先他们将一台爆玉米花机放在人行道上，卖爆米花的生意好得出奇。所以沃尔顿再三考虑，最后决定还需要增设一台冰淇淋机，一起摆在外面。沃尔顿鼓起勇气向银行借了一笔在当时被看作是天文数字的1800美元，买了一台冰淇淋机。这是沃尔顿第一次从银行借钱。然后他们把冰淇淋机摆在人行道上，放在爆玉米花机旁边。沃尔顿是想用这两台机器引起人们的注意。这是一项新鲜而又与众不同的举动——又是一种试验——而他们确实赚到了利润。沃尔顿在两三年内付清了这笔1800美元的贷款，对此他感到很自豪。沃尔顿确实不想为了某种新奇的冰淇淋机而倾家荡产，并因而被人们所记住。

每个人都想要到沃尔顿的店里去看看。从来没有一家特许店拥有这种丁当作响的冰淇淋柜台——一种制冰淇淋机。人们就是冲着这个上沃尔顿的店里来的，这真是一种新奇的玩意儿。但是某个星期六晚上，可能因某种原因，当店打烊时，他们忘记了清洗机器，结果橱窗

内爬满了苍蝇。它们是从冰淇淋机里飞出来的。事实上，沃尔顿之所以不停地忙忙碌碌和不满足于现状，或许是由于他对日后沃尔玛公司的成功所作的最大的贡献之一。如沃尔顿提到的，他们面临最大的竞争对手——约翰·邓纳姆的斯特林商店——就在穿过黑泽尔大街的另一个转角上。他的店面比沃尔顿的稍小一点，但是他仍然设法做好生意，他的营业额在沃尔顿接手之前是他们这家店的两倍。虽然沃尔顿碰上了强硬的对手，在他们买下本·富兰克林后，该店销售额达到10.5万美元，而在老的业主手里，只有7.2万，买下后的第二年为14万美元，第三年是17.5万美元。

※ 020 伊格尔百货商店的开设

沃尔顿的商店最后赶上并超过了黑泽尔大街对面的老约翰。但是位于他们街的另一边、与老约翰的斯特林商店紧挨着的是克罗格杂货店。当时，由于当时的沃尔顿对于社区的动态和周围的一举一动都十分关注，因而得知斯特林商店打算买下克罗格商店的租赁权并扩大约翰商店的店面，从而使他们的商店比自己的要大得多，沃尔顿得知这个消息之后急忙赶到温泉城，找到那家克罗格商店大楼的女房东。不知怎么的，沃尔顿说服了她把店面租给了自己而不是斯特林商店。

对于这所楼房打算怎样使用沃尔顿还没有任何主意，但是他确信绝不能让斯特林拥有这家店面。后来，沃尔顿决定用它开设一家小型百货商店。此时，纽波特已经有了好几家百货商店，其中一家恰好是由沃尔顿这家商店的房东P.K.霍姆斯拥有的。这样做也许会与不久将出现的麻烦有某种联系。但是沃尔顿没有想得那么多。他制定了一个计划，买了一块招牌，从内布拉斯加州的一家公司订购新的货架，采购了他认为能够销售的各种货物：服装、衬衣、裤子、夹克。货架是在星期三用火车运到的，查利·鲍姆是代麦巴特勒兄弟公司来监督沃尔顿的生意的，也自告奋勇帮助他把一切安顿好。查利·鲍姆是沃尔顿所知道的最胜任的商店布置的专家。沃尔顿赶到车皮旁把货架卸下火车，把它们组装起来，安放在店堂里，把货物统统上了架——前后花了6天时间。星期一商店正式开张，沃尔顿将其命名为“伊格尔百货商店”。

现在的沃尔顿在纽波特的前大街上有了两家商店。他时常奔波于这两家商店之间，张罗商品：如果在一家商品没有销路，沃尔顿就设法把它放在另一家出售。他设想这两家商店相互会有些竞争，但不会很多。那时，本·富兰克林商店干得确实不坏。伊格尔商店从未赚过大钱，沃尔顿想，只要一点微薄的利润，也不能让竞争对手变成一家大商店。他不得不雇用一个助理经理帮助负责本·富兰克林商店。沃尔顿的兄弟巴德战后从军队入伍回乡，也和他一起干了。

※ 021 被迫转让商店租赁权

纽波特的那家商店实际上就是今日沃尔玛公司的开端。巴德·沃尔顿在这里什么事情都做过。例如：清洗橱窗，打扫地板，布置橱窗。所有储藏室要干的活他们也干，登记入库的货物。干经营一家商店所要干的一切活。同时还需要把开支限制在最低程度上。巴德他们就是通过控制经营费用赚到钱的。这方面沃尔顿总是很有办法。他总是不停地尝试做一些别出心裁的事情。有一件事巴德一直不能原谅他，沃尔顿明知道巴德从小就不喜欢牛奶和奶制品，还总是让他清洗讨厌的冰淇淋机。

商店的另一边，也是在前大街上，另外还有一家J.C.彭尼公司的商店。沃尔顿同它的经理很友好，因此与这家店没有多少竞争。有一天，一个来自纽约的名叫布莱克的衣冠楚楚的监督来到纽波特镇审计这家商店并同该店经理谈开了。这位经理告诉布莱克，“嗨！我们这里正好有一位以前彭尼公司的人。他几年前来到这里创业，确实取得了很大成功。他买下本·富兰克林并使该店的销售额翻了一番，他现在拥有两家店铺，又是商会会长。”当这位经理告诉布莱克这人就是萨姆·沃尔顿时，老布莱克几乎惊倒。他说，“他不可能是我在得梅因认识的那个人。那家伙不会有什么出息。”他来到隔壁，当他看到沃尔顿确实是那个字写得很糟以致没人能看懂的家伙时，顿时两人都大笑不已。

至此，沃尔顿到纽波特已将近五年，他已实现了自己的目标。那家本·富兰克林小店一年的营业额达到了25万美元，一年的利润为3万到4万美元。无论从营业额或是从利润衡量，它不仅在阿肯色州而且在整个六个州的地区都是本·富兰克林公司首屈一指的商店，沃尔顿不相信在邻近的三四个州里还有比它更大的商店。他们试行过的每一件新奇的招数结果都不如冰淇淋机那么成功。那个百货商店的业主对沃尔顿的本·富兰克林商店的成功印象很深，但是他决定不再把店面继续租赁给沃尔顿——无论出什么价钱他完全知道沃尔顿在城里的商店无处可搬。他出价买下了商店的特许经营权、货架和存货，价格相当优惠；他想把这家商店传给他的儿子。沃尔顿别无选择，只得放弃这家店。但是沃尔顿把伊格尔商店的租赁权卖给了斯特林商店——所以约翰·邓纳姆，沃尔顿名副其实的竞争对手和良师益友，终于实现了他想扩展店面的心愿。

※ 022 纽波特事业遇挫

这件事情对于沃尔顿来说是他事业生涯的低潮，他不相信这样的事情居然会发生在他的身上。这简直是场恶梦。沃尔顿在整个地区建立了这家最好的杂货店，并且积极为社区工作——公正地办事——现在他却要被人们踢出这个城市。真是太不公正了。沃尔顿责备自己被这个糟糕的租约坑了，对房东极为愤恨。海伦好不容易把这个新的四口之家安顿好，她对离开纽波特的前景忧心忡忡，但是木已成舟，不得不走。沃尔顿从来就不是那种对挫折耿耿于怀的人，也没有对房东进行任何报复，正如俗话所说的，如果你付出足够的艰苦劳动，你就能使大多数逆境变为顺境。沃尔顿总是一直把问题看作是挑战，而这次也没有例外。他不知道那次经历是否改变了自己。但他知道经过这件事之后他对于审阅租约显得处处小心谨慎。也许是他对世道险恶看重了，也许就从那个时候起，沃尔顿就开始鼓励他的大儿子——6岁的罗布——将来当一名律师。但是他并不沉湎于失望之中。眼前的挑战足以表明：他必须振作起来，从头干起，甚至要干得更好。沃尔顿和他的妻子海伦开始寻找一个重新创业和安家的城镇。在他们离开纽波特准备东山再起之时，它已是一个欣欣向荣的棉花城。那时候沃尔顿真是有点依依不舍。他们已在那里建立了生活，就这样离开真令人心烦意乱。离开了纽波特，在纽波特的教训使海伦的自豪感受到了一些伤害。但是在富兰克林商店中赚了一笔钱——5万多美元。整个事情也许是件好事。这使她有了一个重新开始创业的机会，而这次她知道该怎么干了。现在海伦已经32岁了，已是一个羽毛丰满、经验丰富的商人，她所需要的就是拥有一家店铺。

※ 023 东山再起

1950年春天，沃尔顿带着海伦、孩子们开始驾车到各地察看，认真地物色店铺，发现阿肯色州的西北部对他们很有吸引力，这里有几个原因：首先，对海伦来说，那里比纽波特更接近她在克莱尔莫尔的亲友。对沃尔顿来说也是很理想的，因为他想靠近一个能打猎的地方，而那里正好是俄克拉何马、堪萨斯、阿肯色和密苏里四州的交界处，这使沃尔顿在这四个州内一年四季都有打猎的机会。他们还试图在靠近俄克拉何马边界的赛洛姆斯普林斯买下一家商店，但是沃尔顿与业主吉姆·多德森没能谈妥条件，多德森后来成了沃尔顿的一位朋友。有一天海伦的父亲和沃尔顿一起驱车来到本顿维尔镇，在广场周围打量了一番。这是他们考虑的几个城镇中最小的一个，并且已有3家杂货店，而在当时，一家就已经足够了，然而，沃尔顿喜欢竞争，在他看来，这里恰恰是能证实自己东山再起的地方，后来沃尔顿又找到了一家愿意出售的老店——哈里森杂货店——但是他们需要把店面扩大一倍，为此不得不与隔壁的理发店订立了一份99年的租约，拥有该商店的两个来自堪萨斯城的老寡妇不肯松口，坦白地说，如果没有海伦的父亲赶往那里——沃尔顿根本没有把握能够谈妥这笔交易，也不知道沃尔顿家族会在哪里落脚。

※ 024 本顿维尔

本顿维尔实际上是一个荒僻凄凉的乡下小镇，尽管有一条铁路经过它。它主要以出产苹果闻名，但当时养鸡业已开始出现。对于海伦来说她真的不敢相信他们将要在这样的环境下生活。本顿维尔只有3000居民，而纽波特却是一个欣欣向荣的棉花和铁路城市，有7000人口。这家商店是一个小小的乡镇老店，店中有放花边的罐头、放帽子的盒子，各种缝纫纸样，以及你能想象的一切东西。但是她知道，在他们来到该城后这种局面将得到改变。现在海伦又有了一家商店可以施展，即使它不赚钱，在她买下它之前营业额只有32000美元——相比之下，纽波特的那家商店有25万美元——但这无关紧要，因为对于她来说有宏大的计划。海伦和丈夫沃尔顿商量之后决定拆掉理发店和老的杂货店之间的隔墙，装上崭新的荧光灯照明的货架，代替以前少数几只吊在天花板下的烛光很小的电灯，使店面焕然一新，基本上把它建成了一家新店。当时，对本顿维尔镇来说这是一家巨型商店了——

50英尺阔80英尺深，或者说4000平方英尺面积。本·富兰克林公司的查利·鲍姆又一次前来拯救海伦。这次他帮助海伦把她在老伊格尔商店曾经安装的所有货架都拆了。他们把拆下的货架装上一辆大卡车从纽波特运往本顿维尔。这时必须要通过一段年久失修、泥泞不堪的公路以便绕过设在罗杰斯的一个过磅站，因为海伦知道他们的车载在某些方面不符合规定。在那条糟糕的老路上颠簸行驶会碰坏他们一半的货架。不管怎样，查利和她又把它们重新安装起来。大约在这个时候，沃尔顿读到一篇报道文章，谈到设在明尼苏达州的两家本·富兰克林特许经营店已经实行了自助销售——在当时这是一个全新的经营概念。沃尔顿连夜乘公共汽车长途跋涉赶往明尼苏达州的这两个小镇——派普斯通和沃辛顿。这两家商店的四壁设货架，在所有来回的通道上设两个岛型货柜。店里不到处设收银机和店员，只是在店门口设置结账台。这种格局海伦也很喜欢，所以沃尔顿决定这样做。

※ 025 实行减价大拍卖

当沃尔顿将商店从纽波特搬到本顿维尔后，他就进行了一次出色的减价大拍卖。沃尔顿和他的朋友鲍姆在店堂四周的桶里装满了货物。那些太太小姐们纷纷涌进店来，弯腰扑在那些装货的桶上。这样的景象鲍姆说他永远也不会忘记。沃尔顿看了看，皱着眉，说道，“查利，有一件事我们必须得做。我们应该进一些真正优质的女内衣。”过去时局艰难，有些人的内衣相当破了。所以当沃尔顿和查利布置好在本顿维尔的那家商店后，它就成了当时全美国仅有的实行自助销售的第三家杂货店，也是周围8个州内的第一家自助商店。也许当地没有人知道这一点，但是这是一个壮举。从1950年7月29日起在《本顿县民主党人》报上做这家自助商店的第一次广告，该广告至今陈列在沃尔玛参观中心。这是为沃尔顿的廉价商店“重新开张大甩卖”做的广告，广告宣称保证有大量价廉物美的东西供应，向孩子们免费赠送气球，9美分一打的衣夹，10美分一只的玻璃茶杯。居民们纷纷出动，不断光顾商店。尽管他们称该店为沃尔顿廉价商店，它是一家本·富兰克林的特许经营店，就像纽波特的那家商店一样，该商店立刻脱颖而出，变成一家兴旺的企业。它确实是当时同行业中的第一流的商店。

※ 026 第二家商店的开设

沃尔顿具有一种吸引人的气质，他会在距你老远的地方向你打招呼，也会向他所见到的每个人打招呼，这就是那么多人喜欢他并且乐意在他店里买东西的原因。他总是在设想在商店里试行一些新花样，有一次他到纽约出差，几天后他回来对一个店员说：“嗨！你过来，我给你看一样东西。这是今年流行的玩意儿。”那个店员走过去看到一只现在人们称之为凉鞋的东西并笑着说，“这些东西肯定无法卖出去，它们只会使你的脚趾头起泡。”沃尔顿拿起来一双双地捆好，把它们放在走道一头的一张台子上，标价每双19美分。然而它们居然卖光了，一双接一双，一大堆很快就卖完了，镇上每个人都买了这样一双凉鞋。

不久沃尔顿开始在其他城镇寻找开设商店的机会。也许是他渴望做更多的生意，也许是他不想把所有的鸡蛋放在一个篮子里。

1952年，沃尔顿驾车南下费那特维尔找到一家克罗格公司正打算放弃的老杂货店，因为它快要倒闭了。该店正好位于广场旁边，只有18英尺宽15英尺深。主要竞争对手是广场这一边的一家伍尔沃思商店（Woolworth）和广场另一边的一家科特商店（ScottStore）。所以沃尔顿清楚地知道他是以一家独立的、又小又旧的只有18英尺门面的杂货店向这两家著名的商店进行挑战。它不是一家本·富兰克林特许经营店，沃尔顿称它为“沃尔顿廉价商店”，像在本顿维尔的那家商店一样，记得刚买下这家商店后我坐在广场上听着当地的一群搬弄是非者闲聊：“好啦！我们给那个家伙60天，或许是90天时间，他在这里呆不长。”

沃尔顿的这家商店的经营方式远远地走在了时代前面，与它的竞争对手完全不同，它实行了自助销售。这一销售模式是沃尔顿今后长时期内所采用的经营方式的开端。他们不断地创新、试验和扩展。不知怎么的，多年以来人们认为沃尔玛公司是沃尔顿一个中年人心血来潮凭空想出来的某种东西，而正是这一伟大的想法却在一夜之间取得了成功。诚然，在1962年沃尔顿开设了他们第一家沃尔玛商店时，那是的他已经是44岁的中年人了。但是这家商店完全是他们从纽波特以来一直在做的各项工作的经验结晶——是他无法忘记的又一个例子，是又一个试验。像大多数其他一夜之间突然成功的故事一样，这项成功经历了大约20年的酝酿。

※ 027 寻找帮手

第二家商店开设之后，沃尔顿需要有一个人来帮他管理新店，而他还没有大多的钱去培养人员，所以沃尔顿问心无愧和毫无顾忌地干了他在从事零售业的一生中所要干的事：打探别人的商店搜寻出色的人才。沃尔顿第一次真正雇用的一个员工，他雇佣的第一位经理威拉德·沃克。

威拉德·沃克，费耶特维尔的沃尔顿廉价商店的第一任经理，在他第一次见到沃尔顿，是在他和他的内弟尼克·罗布森突然闯进他在塔尔萨管理的一家TG＆Y廉价商店的时候。沃尔顿拜访他大约有一个小时，其中问了许多问题，然后离开了，沃克对此毫不在意。后来沃尔顿又拜访了他，说起他在费那特维尔正准备开设一家新店，并且问沃克对经理职位是否感兴趣。并且他将得到百分之一的利润，这一点吸引了沃克。当沃克去向TG＆Y公司告别时，副总经理对他说，“记住，威拉德，一无所有的百分之一仍然是一无所有。”但是他勇往直前，接受了这项职务。沃尔顿每天赶到那里，从上班开始于到下班结束。他卷起袖子每天工作，从筹措钱款开始直到商店开张。

沃尔顿买来各种各样商品，这是他从田纳西州那边的朋友们那里采购来的——用客货两用汽车运来。商店确实干得不错。该商店开张的第一年，沃尔顿相信整个本顿维尔一共是95000美元的生意，而他们做了90000美元。后来他们又成立了沃尔玛公司，并且成为股票公开上市的公司，沃尔顿豁了出去，借入一笔当时看来令人可怕的巨款，并以此款购买了沃尔玛的股票。在以后的岁月中，合伙经营的诱惑力帮助他们吸引了大量优秀的经理人员，但是沃尔顿不相信会有任何人比威拉德买入更多的股份。当然他今天一定很高兴当初作了正确的决定。

※ 028 抓住商机不断创新

在那些日子里，沃尔顿多半时间是用于寻找那些能使他们的商店独树一帜、名声大震的点子和商品。呼拉圈一度曾风靡一时，城里的各大商店都大量地进货。但是道地的呼拉圈是用塑料管制成的，价格很贵，而且他们也很难得到。吉姆·多德森——那个不肯将赛洛姆斯普林斯的商店卖给沃尔顿的家伙——打电话给沃尔顿，并说他认识一位制造商，能生产像呼拉圈那种规格的管子。他认为沃尔顿可以和各投资一半生产呼拉圈。于是沃尔顿他们就在他的顶楼生产呼拉圈，同时在他的店中和沃尔顿的店里销售了一吨的呼拉圈。不久阿肯色西北部的每个小孩几乎人手一个呼拉圈。后来吉姆最终成为沃尔玛公司在密苏里州哥伦比亚镇一家分店的经理，干了大约15年。

那个时候，沃尔顿所用的所有货架一直是向本·富兰克林公司购买的。它们都是用木头做支架，用木制的托架存放货物，这在当时是标准的式样。当时，沃尔顿到处逛逛，看看斯特林商店在做些什么——他大部分事情多半是从其他人那里学来的——看到了全部用金属制的货架。他在本顿维尔当地遇到了一位名叫吉恩·劳尔的家伙，沃尔顿请他为费耶特维尔的的商店一些金属货架，沃尔顿相信，这一举动使该店成为全国第一家使用百分之一百金属货架的杂货店，像这种货架今天你在各个商店中则到处可见。吉恩也为第一家沃尔玛商店做了金属货架，并与沃尔顿他们一起工作了21年，直至几年前才退休。目前他在本顿维尔的沃尔玛参观中心工作。该中心是在沃尔玛公司第一家商店的店址上建立的一种博物馆性质的建筑。

※ 029 与兄弟合伙投资

沃尔顿习惯于驾一辆1953年出厂的普利矛斯牌旧汽车到费那特维尔商店来。他的汽车装得那么满，以致几乎没有充足的空间供驾驶用。你可以猜一猜他车里装的是什么？女士穿的紧身裤，1美元3条的和1美元4条的都有，以及尼龙丝袜。他走进店来把东西放在顶头的一个柜台上，说，“嗨！查利，照我的话去办，你在这只箱子里放1美元3条的裤子，那只箱子里放1美元4条的裤子，把尼龙丝袜放在中间。保证它们能卖出去。”这些东西真的很快卖出去了，真是不可思议。

正当沃尔顿忙着在本顿维尔和费耶特维尔、田纳西州和位于堪萨斯城的本·富兰克林公司地区总部之间穿梭往返的时候，他的兄弟巴德也借了一些钱在一个人口只有2000的密苏里州的凡尔赛镇买下一家本·富兰克林分店。他一直和沃尔顿保持着联系，但他们实际上是各自独立经营商店的，他自己已成家立业，并且干得相当不错。当沃尔顿在堪萨斯城时就听说，那里正在兴建一个巨大的居民小区——拉斯金高地。在该小区的中央是一个面积10万平方英尺的购物中心——在当时还是一个全新的概念。在该中心将有一家A&P（大西洋太平洋）公司的商店和一家本·富兰克林商店，顶头有一家克朗药店（Crowndrugstore），中间还有一些小店。沃尔顿立刻打电话给巴德，告诉他立即到那儿碰头。沃尔顿说，“你想对此下赌注并加入进去吗？”他说：“不妨试试。”于是他们就这样干开了，他们兄弟俩筹借了他们能够借到的钱，向那家本·富兰克林商店投资，各人出一半资金。

在经营杂货业的早期，在竞争对手之间存在某种约定。每家连锁商店或多或少只控制它自己所在州的生意。俄克拉何马州的市场由TG&Y公司掌握，堪萨斯州是奥尔科公司（Alco）的天下，得克萨斯是莫特（Mott）公司的范围，密苏里州是马丁利公司（Matting1y）的地盘，内布拉斯加州为赫斯特德公司（Hested）所控制，而丹纳公司（Danners）则拥有印第安纳州，它们都是以当地为基础得到发展的。他们都这样说，“行了，你别跨过我的，我也不会侵犯你的地盘。”

本·富兰克林特许经营店则适合于那些想要在这些大连锁店之间的夹缝中谋求生存的一、二个店铺的小独立经营者。当然，沃尔顿后来改变了所有这些格局，边界对沃尔顿来说毫无意义。他会在一天之内毫无顾忌地在四个州做生意。如果巴德对他们所从事的事业的发展潜力有过什么怀疑的话，拉斯金高地会帮助他消除这些疑虑。那项事业像着火的房子那样红火。第一年他们的销售额为25万美元，得到3万美元的利润，销售额没有多久就上升到35万美元。

※ 030 购物中心事业开创失败

当沃尔顿看到购物中心顺利发展的前景时，他就想，“嗨，这将是今后许多事物发展的前奏。”于是沃尔顿决定重回阿肯色州，创办和发展购物中心的业务。他满腔热情地赶往小石城，带着这样的想法——开创那儿的购物中心事业。沃尔顿力图得到一个真正理想的地段，但是一个为斯特林商店工作的大投机商从沃尔顿眼底下买走了这地块，并把它用于建设该城的第一个购物中心，并且以斯特林商店和俄克拉何马轮胎百货商店（OklahomaTireandSupp1y）为其主要特色。

沃尔顿坚持这方面的努力。在50年代中期他也许花了两年时间四处活动向人们兜售在阿肯色州建立购物中心的想法——这一想法提出过早，大约早了10年。后来沃尔顿终于得到了一块地产的租赁权，劝说克罗格和伍尔沃思公司签订了租赁合约，条件是要他们把这条街道铺设好。沃尔顿开始为铺设道路筹集款子，但这却是一件复杂的事情，到后来他决定还是忍痛割爱，取消了整个这项交易，退回到原处，集中精力投身于零售业。他大概损失了25000美元，这也许是沃尔顿商业生涯中所犯的最大错误。从这次经历中他学到了许多有关不动产业务的知识，也许它在某些情况下完全可以得到补偿——虽然他希望以更便宜的方式学到这些知识。凑巧得很，在沃尔顿终止最后那片土地的买卖权之后，一个名叫杰克·斯蒂芬斯的颇有名望的年轻人——他比沃尔顿有更多的钱——继续去那儿开发，成功地发展了一个购物中心。

※ 031 遭受龙卷风的袭击

萨姆·沃尔顿有两件事，使他明显区别于其他每一个人。第一，他每天起来都有事干，并决心把每件事加以改进。第二，他不怕犯错误。一旦他认识错了，他就改正错误，换个方向再干。在这场经营不动产的惨败中，当然沃尔顿仍在努力经营杂货店，而在1957年5月20日之前，一切进展得相当顺利。他永远不会忘记5月20日这一天。巴德从凡尔赛打电话给沃尔顿，说一场龙卷风袭击了他们在拉斯金的商店。沃尔顿说，“噢，它或许只不过震坏了几块玻璃。”但是后来他开始有点担心起来，因为沃尔顿与那里的任何人都打不通电话，所以沃尔顿决定前往堪萨斯城亲自去看个明白。大约在凌晨2时他赶到那里，看到整个购物中心实际上已夷为平地。他们店中没有人受到严重伤害，但是商店已被破坏殆尽。尽管商品和货架都保了险，但对巴德和沃尔顿来说这仍然是一个沉重的打击。这是他们最好的商店，是真正为之激动不已的一家商店。它像昙花一现，仅存片刻就消失了。他们将商店重建，使它恢复了原状。现在由于他需要访问所有的地方，沃尔顿觉得开车赶路一天太浪费时间，以致没有时间干其他事情。所以他开始考虑乘飞机是不是一种解决问题的办法。

※ 032 人生中的第一架飞机

一天，巴德接到沃尔顿打来的电话，在堪萨斯跟巴德碰头，他想买一架飞机。巴德听到这件事情时大吃一惊。因为巴德一直认为沃尔顿是世界上最糟糕的驾驶员，甚至老沃尔顿也不愿意让沃尔顿为他开汽车。巴德想，他会在头一年里就毁了自己。所以他费了九牛二虎之力劝说他不要买那第一架飞机。但是沃尔顿只是说，“不管你来不来和我碰头，我还是准备去看看这架飞机的。”最后巴德还是没有和他碰头，因为巴德知道他会在那架飞机上毁了自己。

沃尔顿后来打电话给巴德，说他没有买那架飞机，但他上俄克拉何马城花1850美元买了一架空中双座飞机，要巴德一定得去看一看。巴德永远不会忘记走出本顿维尔机场，看到他称之为飞机的那种东西。它有一台洗衣机式的发动机，它启动时发出噗噗声，然后停了一下，接着又噗噗作响。它看起来甚至不像一架飞机，巴德至少有两年没有靠近它。但是，当时他们正在小石城周围一带开设更多的商店。一天沃尔顿说，“我们上小石城去。”巴德自从太平洋海军退役之后，一直没有飞行过，而他习惯于同水打交道。巴德与沃尔顿掌着操纵杆在所有这些树林和山地的上空飞过。这是巴德所经历过的一次最长的旅行。这就是沃尔玛公司航空时代的开始。

不管巴德说些什么，沃尔顿还是喜欢他那架双座小飞机，因为它一小时可飞行100英里——如果不是顶风开的话——他可以直线到达各个地方。在所有这些年里，沃尔顿飞行了数千小时，只遇到过一次引擎故障。他从史密斯堡机场起飞，刚飞过河流，这时一只排气管爆炸了，它发出的声响宛似预示世界末日的来临，发动机还没有完全停止转动，但是沃尔顿不得不把它关掉。一瞬间，沃尔顿想这下子也许完了，但是沃尔顿没有放弃，终于使飞机盘旋下降，带着一台熄火的引擎着陆。

※ 033 事业的不断扩展

沃尔顿开设了一系列杂货店，其中许多是本·富兰克林特许经营店，设在阿肯色州的小石城、斯普林代尔和赛洛姆斯普林斯。他们在堪萨斯州的尼欧德沙和科菲维尔也开了几家分店。所有这些商店都是以独立的合伙企业形式组织的，有巴德和沃尔顿合伙的，也有其他的合伙者，包括沃尔顿的父亲，海伦的两个兄弟——尼克和弗兰克——甚至沃尔顿的孩子们，他们把送报挣到的钱也投资进来了。在这段时期——很少引起大多数研究他们的人的任何注意——事实上是非常非常成功的。在15年时间里，沃尔顿家族的人已成为全美国最大的独立杂货店经营者。但是该业务本身似乎受到一定的限制。每个商店的销售量如此之小，致使它实际上成不了气候。

1960年，他们的15家商店的营业额只有140万美元。沃尔顿开始冥思苦想，寻求新的主意，以便使他们能闯进某个领域，让他们所有努力取得更好的报酬。于是他们得到了第一个巨大启示是在密苏里州的圣罗伯特镇——靠近伦纳德伍德堡——得到的，在那里他们通过建立更大型的商店，人们称它们为家庭中心，沃尔顿的杂货商店的营业额可望达到前所未闻的水平，每家商店的年销售额将超过200万美元，这对于小城镇的商店来说是不可想象的。在阿肯色州的贝里维尔以及在本顿维尔这儿也都证明，这种同样的做法是正确的，只是销售额稍少一点而已。

沃尔顿开始听到人们关于早期廉价商店的谈论——像安—霍普（Ann＆Hope）这样一些公司，安—霍普公司的创立者马蒂·蔡斯被普遍认为是廉价销售之父。斯巴顿（Spartan）公司和马默斯马特（MammothMart）公司，以及从哈里森（Harrison）和扎耶尔（Zayre）公司出道的两友公司（TwoGuys），还有阿兰公司都是在美国东北部起家的，沃尔顿记得他在纽波特很早以前就已经学到了这个教训，当时他以1美元而不是12美元定价出售女内裤而取得了巨大的销售额。所以沃尔顿开始在全国奔波，学习从东部的批发商店到加利福尼亚的商店，就是在这些地方，索尔·普赖斯于1955年开创了他的联合百货商店。

※ 034 冒险的折扣销售计划

在靠近沃尔顿家附近的城镇，有一个叫赫布·吉布森的人——贝里维尔的一名理发师——也开设了他的商店，他的经营哲学是："低价买入，大量进货，廉价卖出"。他的商品比任何人都卖得便宜，也比任何人出售得多。他在阿比林、阿马里洛等地的商店都这样做了，他的商店遍布达拉斯。然后在1959年，他来到阿肯色州西北部开设了一家名为霍华德的特许经营店，他在史密斯堡也干得非常出色，所以他把业务扩充到费那特维尔广场，并且开始同沃尔顿的杂货店竞争。沃尔顿清楚地知道是时候采取行动了。他是唯一采取折扣方式销售的人。沃尔顿在全国旅行作了考察后回到东部，自己可能是懂得他的做法的少数人中的一个。

在那时，沃尔顿已知道折扣销售的想法代表着未来零售业的主流。但是他还是习惯于搞特许经营，他喜欢已有的思想定式。总的来说，沃尔顿很喜欢与本·富兰克林公司合作的经历，但他并不想完全靠那家公司的后勤机构支援来建立一家公司。所以沃尔顿首先去芝加哥找巴特勒兄弟公司，带着他通常记满笔记的黄色标准拍纸簿对他们大说好话，以支持他搞折扣销售的冒险计划。沃尔顿要求他们做自己的批发商、供货商。要是当时他们同意，沃尔顿他们一家可能就这样继续过着相当正常的生活方式。在那些日子里，沃尔顿还没有完全把他的时间用于业务，因此与他们结成一个组织本来不会有多大困难。但是他们不感兴趣。于是沃尔顿就与吉布森打交道，但是他早已有他自己的特许经营店，所以沃尔顿也没有和他谈成。

※ 035 面临艰难的选择

沃尔顿实际上只有余下的选择：要么继续留在杂货店行业，但是他清楚地知道杂货业将会受到将来的廉价销售的沉重打击；还有一种选择就是开设一家廉价商店，当然，沃尔顿不打算坐以待毙，成为打击的目标。沿着本顿维尔往南的公路旁有一座罗杰斯镇，这是一个比本顿维尔大得多的城镇，但是沃尔顿不可能在那里经营，因为马克斯·拉萨尔已拥有该镇的本·富兰克林特许经营店。沃尔顿试图与他协商，让自己作为一个合伙人，共同在该城建立一家大商店。但是他不感兴趣。

于是沃尔顿准备自己着手在罗杰斯镇筹建一家廉价商店。对沃尔顿家来说，这是一个相当大的考验。他们根本无法动用本·富兰克林的资金来建这家商店，所以沃尔顿与密苏里州斯普林菲尔德的一家分销商作了某种安排。没有人愿意在这第一家沃尔玛商店投下赌注。沃尔顿想巴德投入了3%的资金，唐·惠特克投入了2%——他是沃尔顿从得克萨斯州阿比林的TG＆Y商店挖来的经理，管理这家商店——而沃尔顿自己得投入95%的资金。海伦不得不和沃尔顿一起签署所有的票据，她做的财务报表能让他们借到（比沃尔顿单独借）更多的钱。

沃尔顿和海伦把他们所有的一切——住房和财产，统统抵押出去了。他们总是想办法借到贷款的最高额度。接着他们就实实在在地打算进入折扣销售的行业。从那些见鬼的沃尔玛商店开张起直到今天，这只是一个小小的挑战。

※ 036 招牌名称的设定

1962年春，由沃尔顿驾机带着沃尔顿廉价商店的首任经理鲍勃·博格尔飞往史密斯堡，他们正飞行在波士顿山脉的上空。当时驾的是三人座飞机，而不是原先的那架他们坐了许多次旅行的飞机。沃尔顿从他的口袋里掏出一张卡片，在上面写了三四个名字，他把卡片递给博格尔，问他最喜欢哪一个名字。它们都是由三个或四个词构成的名称，博格尔说，“行，你知道，我是个苏格兰人，我只想保持沃尔顿这个名字，并且使它成为购物场所的名称。”博格尔在卡片的底上写上W—A—L—M—A—R—T七个字母，并且说，首先，他觉得这个名称没有多少字母要购买（指用霓虹灯做的字母）。”他购置过BenFranklin招牌的霓虹灯字母，他知道制作这些霓虹灯字母，点亮以及维修霓虹灯要花多少钱，“这正好只有七个字母。”博格尔不再说什么，于是他们就没有再谈这事。几天之后，沃尔顿经过商店顺便看看，沃尔顿看到了自己商店的招牌制造商雷伯恩·雅各布早已把“W—A—L”挂在上面，并且把梯子架在“M”上。即使你不是个天才也能猜出挂上去的招牌名字是什么。沃尔顿只是笑了笑便离开了。

值得一提的是有关招牌的其他情况。在招牌的一边沃尔顿叫雷伯恩写上“低价销售”，在另一边写上“保证满意”。这两个作为经营思想的基础哲学至今仍旧指导着公司。经过对廉价销售业务数年的研究以及对此并非全力以赴的试验之后，沃尔顿最终决定全力投入这个事业。

※ 037 最后的通牒

1962年7月2日，沃尔顿他们最终开设了第一家沃尔玛商店，李·史密斯是早期沃尔玛公司合伙人，但是并非每个人都感到高兴。因为罗杰斯镇已有一家其他人管理的本·富兰克伏特许经营店，当开设第一家沃尔玛商店时实际上是捅了马蜂窝。史密斯还清晰地记得商店开张那天的情况。在购物者的人群中，出现了一群来自芝加哥的本·富兰克林总公司的“官员”——都穿着细条子西装。他们像一支军事仪仗队那样齐步行进，站在商店门前问史密斯，“沃尔顿先生在哪里？”他们的表情冰冷，脸色要多难看就多难看。他们朝着沃尔顿的办公室一言不发地走了进去。

大约半小时之后，他们又回到店门口，然后不作告别就整步离开了。几分钟后，沃尔顿走过来告诉惠特克和史密斯说，他们下了最后通牒：不准再建更多的沃尔玛商店。但是沃尔顿也不是那种可以让人随意摆布的人。虽然，开在罗杰斯镇的第一家沃尔玛商店并不是很大。他们的营业额是一年100万美元，比大多数杂货店多得多，这些杂货店一年的营业额为20万到30万美元。但是记住，圣罗伯特公司——位于那个军事重镇——一年的销售额是200万美元。在沃尔顿打开了在罗杰斯的局面之后，他们安分守己、埋头苦干达两年之久。然后在罗杰斯附近的一个更大的城镇斯普林代尔和一个略小的城镇哈里森相继开设了商店。

※ 038 沃尔玛三家商店经营成功

沃尔玛商店只有12000平方英尺，天花板8英尺高，水泥地板，光秃秃的木制货架。斯特林在哈里森市中心有一家巨型杂货商店，该店有花砖铺地面，优雅的灯光照明，真正优质的货架以及成功的商品陈列。沃尔玛商店只不过是把各种手段拼凑起来——大力的宣传促销，事实上简陋的商店设施，大量堆积的货物——但是价格比竞争对手低20%。沃尔顿想了解在一个只有6000人口的镇里，人们是否会仅仅因为价格的原因而愿意到他们这样的货棚里来买同样的商品。回答是肯定的。沃尔顿发现人们确实来了，而且他们有这样的要求。今天沃尔顿在哈里森镇已有一家面积9万平方英尺的商场。接着在斯普林代尔，他们试图想了解这样一个问题：在一个更大的城镇里一个真正大型、优美的商店能成功吗？他们在该城开了一家35000平方英尺的沃尔玛商店，它很快成为沃尔顿在销售额方面首屈一指的商店。他们最近在斯普林代开设了一家巨大的面积为185000平方英尺的商店，今天在罗杰斯的商店面积为135000平方英尺，而过去的老店面积仅为18000平方英尺。在沃尔顿开设了第一批三家商店并经营成功之后，他就知道它是会成功的。因为沃尔顿看到了它的巨大潜力。他们会竭尽所能、尽快地使商店滚动发展。

※ 039 沃尔玛商店的经营理念

从沃尔玛商店开张那一天起，沃尔顿先生就明确指出，沃尔玛不是像本·富兰克林那样仅仅是低价销售某些商品的商店，而是实行真正的廉价销售。沃尔顿说，“我们要使我们拥有的所有商品都实行廉价销售。当他们周围的其他连锁商店还没有搞廉价销售时，沃尔顿说，“我们打出广告，宣称以较低价格出售商品，而我们说到做到。”所以不管做其他什么生意，他们始终都得以低价销售。如果一件商品上市，城里的其他各家商店都以25美分出售，沃尔玛商店就将以21美分出售。

查利·凯特，商店经理如我以前说过，自从沃尔顿在斯普林代尔开设了那家沃尔玛商店，在那时，大多数同仁——包括沃尔顿自己的兄弟巴德——对整个（有关廉价销售的）概念非常怀疑。他们认为沃尔玛只是萨姆·沃尔顿的另一个古怪的想法。这个想法在当时还没完全得到证实，但是它确实是他们一直在做的试验，试图做些与众不同的事情，教育自己如何在零售业中生存发展，并努力赶在时代潮流的前头。这与沃尔顿的性格有很大的矛盾，至今他仍无法完全理解这一点。在沃尔顿的许多核心价值观念中——像教会、家庭和公民领袖，甚至政治这类事情上——他是一个相当保守的人。但是在企业经营方面，却一向是个猛烈反对现有体制的人，他追求创新，总是采取超乎人们常规的行动。一方面，在社区生活中算得上是个有权有势的人物；另一方面，在市场中，他一向是一个自行其是、喜搞独立的人，他欣赏采取惊世骇俗的行动以及搞一点小小的无政府主义。有时候，陈规陋习会逼得沃尔顿发疯。事实真相是，当巴特勒兄弟公司那些同仁拒绝考虑沃尔顿的廉价销售的想法时他有点儿火了，也许正是这件事情促成他决定逆流而上。

※ 040 廉价销售行业的崛起

1962年，廉价销售的行业还刚刚起步，出手阔绰，肯大手大脚花钱进行促销的商人开着卡迪拉克豪华轿车到处招摇——像赫布·吉布森那样的大亨——他们靠限定继承权拥有世界。但是他们中只有很少人可以称之为精明的经营者，直到1962年，那一年可以说是廉价销售业大发展的一年。在那一年就有四家大公司开设了廉价销售连锁商店。S.S.克雷斯吉公司（S.S.Kresge），一家有800个店铺的杂货连锁店，在密歇根州的加登城开了一家廉价商店，称之为凯马特商店。F.W.伍尔沃思公司，廉价零售业的老祖宗，开辟了它的伍尔科连锁商店（Woolco.）。从明尼阿波利斯发展起来的戴顿—赫德森公司（Dayton—Hudson），开设了它的第一家塔吉特商店（Target）。而某个独立经营商在阿肯色州的罗杰斯镇中心开设了一家称之为沃尔玛的商店。在当时或在此后的相当一段时间里，几乎没有人注意到上面提到的最后一家商店，即沃尔玛。见鬼！在五年时间里，凯马特公司有了250家分店，而沃尔顿他们却只有19家，凯马特的销售额为8亿多美元，而他们的销售额是900万美元。但是今天令沃尔顿感到欣慰的是：在这30年里，所有早期开设的廉价商店大多数关了门，四家新的连锁商店中的三家成了行业中全国最大的、经营得最好的公司，那家偃旗息鼓的公司是伍尔科，而那家变成最大的、最盈利的公司却是坐落在阿肯色州的沃尔玛商店，回顾起来，所有这些绝对不可能使人相信。有时甚至连沃尔顿也难以相信这一点。

※ 041 与时俱进推陈出新

在经历了一生的逆流而上的奋斗之后，使沃尔顿深信沃尔玛公司之所以取得惊人的成就，其真正的秘诀之一就是适应发展的潮流。他们的许多最佳机会都是由需要产生的。被迫学习和实践一些新事物，因为他们是在这些偏僻的小城镇里，在缺乏财务支持、缺乏资本的情况下开创的事业，这些新事物极大地帮助了公司的发展。让他们有充足的资金，或者是成为一家大公司的子公司——沃尔顿曾经想要这样做，如果这样的话，他们就不会打算在哈里森镇或在罗杰斯镇或在斯普林代尔镇以及所有那些我们早期进入的其他小城镇开设商店。但是结果往往没有想象中的那样好，他们得到了一个巨大教训：在美国的小城镇里存在着许多商业机会，它比任何人包括比沃尔顿本人所想象的要多得多。

克拉伦斯·莱斯是沃尔玛第一家商店的第二任经理，他说当时在斯普林代尔开设第三家沃尔玛商店时，沃尔顿要想使防冻剂价格成为吸引顾客的热点。所以他进了二三卡车的普莱斯通防冻剂，并以每加仑1美元的价格出售。然后他把每支克里斯特牙膏的价格定为27美分。许多人甚至远至塔尔萨的人都来沃尔玛店购买牙膏和防冻剂。顾客如此之多以致消防部门要求他们每次先把门打开5分钟，让顾客进去之后再关上门，等一批顾客买完东西之后再开门进下一批顾客。这时沃尔顿随手抓了一只工具箱，权充现金出纳机，尽可能快地给顾客结账。

※ 042 第八家商店的开设

沃尔玛的员工始终注意保持在经营杂货店中学到的东西，如坚持为顾客服务和保证顾客满意，但是沃尔顿不得不承认，在那些年月里，他们还没有像今天那样地强调商品质量，他们一心想着他们价格要始终比竞争对手要低，于是每个人都像傻瓜那样工作，以便降低费用。沃尔顿想要建造几幢像样的百货大楼，但是又不得不使房租维持在低水平上——不可能支付高于每平方英尺1美元的房租。沃尔玛的商店确实不那么好看——它们根本不能算是专业商店。

在阿肯色州莫里尔顿的第8家商店，那真是一番真实的景象。沃尔顿租下了这家可口可乐装瓶厂厂房，它被分隔成五个房间。花3000美元向一家倒闭的吉布森商店买下了一些旧货架。他们用捆包的绳子把货架吊在天花板下，再将服装一层层吊挂在水管上，一直挂到天花板，货架用铁丝固定在墙壁上。但是这实际上是一个很小很小的城镇，所以这第八家商店完全是一种试验。

第八家商店的开设沃尔顿他们没有现成的制度、订货规划、没有一个基本的商品品种分类表，也没有任何类型的计算机。在开始一段时间里难免有一些令人丧气的挫折，他们正在靠自己的努力克服这些挫折。除了缺乏基本的商品分类制度，他们还没有真正的补充进货制度。甚至还没有像现在正在经营本·富兰克林商店时所用的那种存货账簿，在本·富兰克林商店时，如果有需要，你只要查一下存货簿，就知道你需要什么并向巴特勒公司订货，并按此确定价格。现如今开设的这第八家商店没有现成的分销商，没有信贷。推销员们就站在店门口展示货物，他们只是尽最大可能设法做好这笔交易。有时候根本就很难得到一些最大的公司——普罗克特—甘布尔公司、伊斯曼柯达公司，无论哪家公司，的推销员上门光顾，而当他们真的来时，他们就会向沃尔玛的员工们发号施令，规定卖给他们多少数量以及按什么价格。普罗克特—甘布尔公司规定如果你在10天内付款，它提供2％的折扣，如果你做不到，他们就会取消这些折扣。在那个时候对于沃尔顿来说是许多大供货商傲慢无礼的受害者。这些大供货商根本不把他们放在眼里，他们就这样恣意妄为。沃尔顿始终不明白为什么会这样。他始终认为，顾客就是顾客，你应该尽力把商品推销出去。最大的挑战是按低价采购保健和美容护肤品并且保持货源充足，因为这些产品实际上几乎是每一个早期廉价销售商的销售策略的核心。

现在沃尔顿回想这些的时候，它能够体会他们在创业之初所做的那么多事情确实是做得很差劲的。尽管如此他们还是尽量设法使他们的商品价格尽可能地降到最低，而这种做法使他们在最初的十年里极为有利——通过与顾客建立联系，在这些小城镇的市场上的销售额不断地上升。这种想法是很简单的：当顾客们想到沃尔玛商店，他们就会想到低廉的价格和保证满意。他们可以完全确信他们不可能在其他地方发现更便宜的价格，如果他们不满意所买货物，他们可以退货。

※ 043 ESP法

上世纪60年代初期，沃尔顿已有了18家杂货店和一批沃尔玛商店。一段时间里他们拥有几种不同类型的商店，不仅有沃尔玛廉价商店，还有以本·富兰克林挂名和以沃尔顿的名字命名的杂货店。几年来尽管沃尔顿他们一直致力于建立沃尔玛公司，但是还继续经营他们之前原有的几家本·富兰克林和沃尔顿杂货店。他们同时也逐步撤销这些杂货店，通常以沃尔玛商店取而代之。

沃尔顿决定在办公室墙上为每家商店设立了一个小小的信件箱用于存放有关该店的现金收入单据和账簿。沃尔顿自己也有一个有关各店的蓝色活页分类账。当每增加一家分店时，他们就增加一个信件箱。然后每月沃尔顿和旺达·怀斯曼结算一次账户——登记商品账，登记销售额，登记现金账，平衡账户然后结转账户等等。到最后沃尔顿他们一直使用ESP法，当遇到要结清这些账户时，该方法实际上加快了结账。这是一个非常基本的方法：如果你无法平衡你的账本，你可以去掉多出的金额并把它登入ESP项下，ESP意指“某处有误”。然后沃尔顿他们又搞了损益盈亏账，为每家商店设立了一个损益账户。如果账户存在问题，沃尔顿会立即与该商店联系。沃尔顿有一本很大的并在一起的分类账，记载着沃尔顿所需要的一切，每家商店大约有15个栏目。栏目上有销售额、管理费用、净利润、降价幅度——一切降价因素——公用事业费、邮费、保险、税收。沃尔顿每月亲自用笔登记这些数字，这有他就会记得更加牢固。这已成为沃尔顿的一个习惯，当他前往各家商店时，他的袋里总带着这种分类账，所以每个人始终都确切地知道自己的经营状况。

※ 044 克劳德·哈里斯

沃尔顿是在孟菲斯城物色到克劳德的，他在那里管理着一家伍尔沃思商店。他出生于俄克拉何马州的马斯科吉市，有四分之一的印第安人血统，他高中毕业后就开始在伍尔沃思商店工作。沃尔顿所有的这些分店经理都像唐或克劳德一样，没有一个人上过大学，他们也不希望他雇用任何大学生。他们认为大学生不愿意放下架子做擦洗地板、清洗玻璃窗等工作。当时商店的一种典型训练方法是将一辆两轮车——你知道，这是店里运货的一种小车——交给一个刚刚报到的新进人员，要他从仓库运送货物开始做起。这些经理都出身于杂货店，具有相同的背景、相同的经营思想和相同的教育水平。而沃尔顿寻找的正是这种以行动为导向、说干就干的人。

克劳德有四五个孩子，年薪大约为1万或1.2万美元。一天沃尔顿把他拖到冷饮柜前，开始同他聊天。他发现克劳德还能使他的薪水有所节余。沃尔顿通常认为如果一个人能够理好他自己家中的钱财，他也一定会成功地管理好这家商店。沃尔顿把他安排在费那特维尔广场东面的一家杂货店当经理，所以克劳德必须同沃尔顿他们在广场西面的另一家杂货店竞争，该店是由查理·凯特管理的，并受到查理·鲍姆的监督。那是一个真正的考验，因为没有人比查理·鲍姆更难对付的了。但是克劳德非常精明能干，查理在某种程度上不得不同他协作。

当沃尔顿开始为沃尔玛商店采购货物时，他时常带着克劳德一起干。不多久，沃尔顿就任命克劳德为沃尔玛商店的总的商品采购经理。他当这个采购经理并不比街上的任何人更有经验。他曾经是分店经理，但是沃尔顿他们也没有其他合适的人选，所以只好请他当了总的商品采购经理。沃尔顿甚至不清楚，他们何时才最终真正有一位专业采购员，或知道某一个人有任何采购经验，不过那已是几年以后的事了。

※ 045 克劳德眼中的沃尔顿

在克劳德的眼中沃尔顿是个敏锐的人，善于看透人们的心思，了解他们的个性，他在挑选人员方面没有出过任何差错。回顾创业之初，克劳德的商店赚钱不多，当时他们正开始同吉布森公司竞争，吉布森在市中心广场也有一家分店。很明显，他们的廉价销售做法正在发挥作用，他们用保健和美容护肤品——他们称之为HBA——将人们拉进店里。所以克劳德想，“行啊！为什么不在我的杂货店里试一试？”他改变了整个商店的布局，并且通过低价格从麦克森—罗宾斯商店买下了许多商品，并投放了大量不用开处方的成药。这是他们公司的第一个廉价销售部门，费耶特维尔广场东面的保健美容护肤品柜台。但是克劳德差一点在那件事上失去了他最好的朋友。查利·鲍姆可能有心脏病。他认为克劳德在想方设法削价与他抢生意。查利是最有竞争心的人之一。他会竭尽全力与你争个高低。不管怎样，沃尔顿对此完全一清二楚，他说，“干吧，试一试。”他总是这样尝试着一切事情。他始终对各种建议持欢迎的态度，这就是他取得如此成功的一个原因。现在他仍然是这样。

一个糟糕的经理可能会拖垮整个企业。当一家商店一年的净利润只有8000或12000美元时，只要有一两个经理不诚实就会毁掉整个公司。沃尔顿前往招募对象原来工作的商店并同他们面谈，邀请他们到他自己的商店参观。沃尔顿是一个非常有说服力的人；他有一种魅力，可把一只小鸟骗下树来。每次他和他的妻子海伦会邀请你上他家并递上冰淇淋，他们总是问你和你的家人是否上教堂。他是多么善于评价和挑选他的管理人员。他不只是在物色商店经理。我想他是在挑选他认为可以与之共事的伙伴。他雄心勃勃，他知道他需要实现的目标，他正在努力寻求，并且一步步地达到这个目标。

※ 046 举办促销活动

在零售业中没有其他管理人员会比沃尔顿更多地强调重视商品销售和商品促销的重要性。他对商业怀着极大的热情。这就是他在商业经营中于任何事情都享受到乐趣的原因。沃尔顿确实喜欢挑选出一种商品——也许是最基本的必需品——然后让人们注意到它。如果你把商品挂起来引人注意，你就不会有任何卖不出去的商品。所以他们大量采购某些商品并大力进行促销，以便让人们注意到这种商品。如果销售情况不好，沃尔顿他们就会把它撤下来，放到普通商品的摊位上。这是使沃尔玛公司在其创立之初就与众不同以及确实使同行难以与他们竞争的因素之一。而在沃尔玛的早期，这种做法有时确实有些疯狂。

沃尔顿会经常花很多时间挑选促销项目。他们经常买一张达拉斯的报纸、一张小石城的报纸和一张史密斯堡的报纸，沃尔顿说，“行了，菲尔，让我们为这个周末挑选一些广告吧！”接着他们就会到店里寻找要做广告的商品，找了衣裤、废纸篓、扫帚或汽油等二十多种商品。他们俩把这些商品挑出来，然后坐在地板上，带着一把剪刀，浏览报纸的分类广告，直到发现某个商店经销汽油的广告，然后再将报上的广告图案剪下来，写上“pennzoil30w”并贴上他们的价格，他们俩对袜子、内衣裤和废纸篓同样也是这样处理——利用报纸上其他人的广告制作他们自己的广告。这种方法很起作用。因为他们的商店价格就是比其他人热销。他说，按与其他人相同的价格为商品做广告是没有用的，否则，何必要来凑热闹?

沃尔顿是一个锱铢必较的店主，所以最初他都要在每件商品上取得一定百分比的利润。但是后来他有了这样一个想法：真正的热门商品确实能把人们引进商店，所以经过商量最终决定用像16美分一支牙膏那种做法来开张营业。然后又不得不担心是否能得到足够的备货。不久之后，菲尔举行公司历史上最著名的促销活动。公司在往阿肯色州温泉城开设第52家商店——在一个已有一家凯马特商店的城市里开设的第一家分店。菲尔赶到那里，发现凯马特在那里由于没有任何廉价销售的商店与之竞争，所以商品的价格较高。于是菲尔组织了一次洗涤剂的促销活动，这次活动也许是世界上最大的一次汰渍（Tide）或喜乐（Cheer）洗涤剂的展销会。他做成了一次交易，只要他大批量进货，譬如3500箱洗涤剂——一个绝对庞大的、足以吓人的数量——每箱便可获得便宜1美元的优惠，然后菲尔对洗涤剂作了一次广告促销，声称每箱从通常的3.97美元减价为1.99美元。当沃尔顿他们知道菲尔会采购那么多洗涤剂的时候，真的认为老菲尔完全疯了。这一大堆货物，数量多得令人难以相信。它堆成一座洗涤剂箱子的金字塔，有12只到18只箱子那么高——一直堆到天花板，足有75到100英尺长，12英尺宽，占据了整个通道，穿过商店的后门，以致你几乎无法通过。沃尔顿心想许多公司会因这件事而责难菲尔，但是沃尔顿始终感到他们必须试行一下这种疯狂的做法。

※ 047 对促销乐此不疲的菲尔

沃尔顿通常放手让菲尔做他想做的任何促销活动，因为他相信菲尔不会把事情搞糟，但是对这次促销活动，沃尔顿前来责问他了，“你为什么买那么多？你不可能把它们全部卖完。”但是这次活动极其成功，它变成了一条新闻，每个人都开始关注它，展品在一周之内一销而空。菲尔搞了另一个促销会，也使本顿维尔的人大吃一惊。有个来自俄亥俄州默莱公司（Murray）的人一天拜访了菲尔，他说他到本季度末手头有200台默莱牌8马力割草机要出清，他可以按每台175美元价格卖给菲尔他们公司，问菲尔要不要。菲尔说，“行，我买200台。”他惊呼道，“200台！”菲尔想，过去他们一直按每台447美元出售。所以当割草机运来时就会将它们全部拆箱打开，一排排放在店堂里，25台一排，一共8排。用一条链条把它们串在一起，在一条大标签上写道：“8马力默莱割草机，每台199美元。”结果全部卖完。菲尔觉得他天生就适合做一个促销者，而当一名早期的沃尔玛公司的分店经理，正是施展促销才能的理想职位。

对于菲尔来说他不仅喜欢逆流而上，更喜欢挑战艰巨目标，这只是为了显示他有多大能耐。当时的人们也许完全不像今天那么放肆，但是作为一位沃尔玛的经理依然是从事促销的理想职位，因为促销是传统的一部分，也是沃尔玛公司最好能始终保持下去的一部分。多年来，菲尔一直对它乐此不疲。着实使人惊叹的是，你只要采用一点点促销手段，你就可以销掉那么多商品。人们总是问菲尔，沃尔玛的历史上有哪些重大的时刻是他记忆最深刻的？菲尔通常说：“哦，那是我们的销售额到达10亿美元或100亿美元的时刻！”菲尔那些最美好的记忆是他们通过精心布置的柜台展销（结账台后面横贯店铺的水平方向柜台）卖掉的成吨的普通日常用品。他猜想一个真正的商人像一个好的渔民一样：总是会记住那些捕住大鱼的特殊日子。

※ 048 挑选促销产品

沃尔顿要求他们每周交一份店里销售额报告，附带还必须呈报“最畅销商品”的项目。这意味着，他们必须这样做。沃尔顿所做的就是教他们如何去找出那些一直畅销的商品。你必须设法去寻找畅销商品，因为你每周的报告中必须提到，如果你在报告中说没有什么东西畅销，沃尔顿就会不高兴。他会认为你没有好好地研究如何搞好销售，在这种情况下，他会来帮你研究。

沃尔顿觉得大多数人听到促销或许会感到厌烦。但是他最喜欢提到的一件促销商品是人们称之为床伴的床垫子。他想，这是在他与等候在休息室里的某个推销员谈话时挑中的。沃尔顿很喜欢随时与销售人员谈话以保持接触。当时他并没有认识到要储备床垫这种货，但是不知道是什么原因他感到床垫是一项未开拓的业务或者是应该持有的商品。因此购买了大量的床垫，对价格和利润稍微降低了幅度，进行大张旗鼓地展销，结果，它成了商店从未有过的最热销的商品。

自从1980年引进床伴这个商品以来，已经成功出售了550万条这种令人讨厌的东西。另外有一天，沃尔顿走进休息大厅，开始与来自阿拉丁公司（Aladdin）的推销员闲谈，该公司生产保暖瓶。推销员带着他的样品，沃尔顿问道："你们有些什么我们可以成功地促销的真正热门产品？"只见这个推销员拿出一只红蓝色半加仑保暖瓶，看起来确实漂亮，他说，"这可以给你较大的特别优惠，我们给你们这种价钱，而你们可以卖多少多少价钱。"沃尔顿说，"让我们具体谈谈。"所以沃尔顿又迫使他压了点价，使保暖瓶能以更低的价格出售，最后在各商店推出后卖出了数卡车的保暖瓶。

※ 049 月亮馅饼中的教训

沃尔顿有时候确实认为自己在挑选促销商品方面具有天才，因为他挑选的这些商品都非常畅销。但是沃尔顿最终认识到，因为他是董事长，商店经理们知道他迟早会到他们店里来，所以这些同仁就会准备好沃尔顿所选择的这些商品，并把这些商品摆上柜台。但是唯一遗憾的是在促销月亮馅饼当中使沃尔顿得到了一个教训，就是他们必须小心谨慎。这种甜腻腻的果汁小吃在南方很受欢迎，它是沃尔顿大力促销的另一种商品。他是在田纳西州接触到这东西的，在那儿沃尔顿遇见了一位部门头头，一个一直以难以置信的方式销售月亮馅饼的女士，她只是把馅饼放在人们注意到的地方。沃尔顿知道沃尔玛的各个商店还没大力推销过这种馅饼，因为沃尔顿在商店里几乎看不到这种饼。所以他接受了这位女士的意见，回来后沃尔顿带上采购员，拜访月亮馅饼公司并且说："嗨！如果我把月亮馅饼作为我的促销商品，运到所有我们的商店，按五只一美元而不是每只23美分出售怎么样？"他们不仅同意，还把价格降到每只12.5美分，沃尔玛的零售价为20美分一只，一周卖掉了50万只月亮馅饼，价值10万美元。就公司范围而言，这是一个真正的盈利项目。问题是每个分店经理被沃尔顿的促销成功冲昏了头脑，他们将月亮馅饼运往威斯康星。那儿的人以前从未听说过这种食品，他们对此不太感兴趣。一旦得到巨大的成功就必须注意不犯这种错误。

※ 050 举行VPI比赛

戴维·格拉斯举行VPI（单项产品销量）比赛，但尽管这样也很难同沃尔顿匹敌，因为令人难以相信的是人们居然如此服贴他。戴维认为，那家制造月亮馅饼的查塔努加面包制造商应把沃尔顿列为他们公司本年度的名人。如果它们还没有这样做，倒是应该做的。历史上没有人会想到能售出如此大数量的月亮馅饼。如果沃尔顿挑选了某种商品进行促销，他会要求在结账台前面放一张桌子，放上15盒月亮馅饼，按他任意决定的比例分成香草、巧克力和奶油馅饼。床伴通常是一种放在靠墙货架上的商品——四五个叠在一起，它们一个月也许只能卖掉几只。

沃尔顿在走道上放了一只桌子，亲自设计标识牌，规定必须在店里备足床伴。当然，也有促销不顺利的时候。小水桶的销售是他卖得最糟的一件促销商品。而在同一年里，戴维却在出售赛尼卡苹果汁的VPI竞赛中取胜了。这是轰动一时的新闻。戴维他们出售了好几吨苹果汁。他在店里把冰块和苹果汁一起倒入水桶，拿到店门口，让顾客免费尝尝桶里的玩意儿。特别在那些戴维知道沃尔顿将要访问的店里，他有意这样做。这件事使沃尔顿很恼火，他很快撤掉了那种小水桶。

※ 051 促销哲学

促销哲学——它涉及所有的同仁、分店经理和各部门头头——你的商店内到处都有可以大量销售和产生大量利润的东西，如果你动脑筋把它们找出来并不怕麻烦地去促销。这是帮助公司大幅度增加每平方英尺营业额的关键所在。如果你打算让你的商店营业额达到别家商店的那种每年两位数的增长率，并让你的公司按别家公司增长的方式增长，那你必须是以销售作为动力。否则你就可能和其他人没什么两样。许多零售商他们最初都是以销售驱动的，但是这几年来多少已失去了这种驱动力。

在零售业中，你要么是以经营驱动的——这种情况下你的主要推动力是减少经营费用和提高效率——要么是以销售驱动的。那些真正以销售驱动的零售商总是能够改善经营状况的。但是那些以经营驱动的零售商却往往业绩平平并开始衰退。所以沃尔顿对促销的狂热是一场大游戏，在这场游戏中得到许多乐趣，但这也是他们创造异乎寻常高的每平方英尺销售额的关键，这些促销活动使他们能领先竞争对手。前几年沃尔顿正在商店里推销一种商品，他认定它是当年真正的赢家：卤素汽车前灯，每只只售10.94美元。这是沃尔顿同通用电气公司总裁杰克·韦尔奇的一项合作。这是当今沃尔玛公司与他们的最大卖主在最高层次上合作的一个极好样板。

在沃尔玛公司的初期——一直在谈论这个时期——沃尔顿认为沃尔玛公司强调单项产品促销的确帮助他们弥补了许多不足——不够深思熟虑的采购计划、不够理想的商品品种以及缺乏实际的后盾支持。这是逆流而上的另一种方式。沃尔玛公司就是通过以努力销售来弥补自己所缺乏的东西。我们我们使我们有今日成就的另一个原因是：从一开始，沃尔玛公司就每周一次把所有的管理人员召集在一起并且作自我批评——这实际上是采购组织，一大帮分店经理每星期六早上聚集在一起，或许是在本顿维尔，或许是在某地的一家汽车旅馆。审查他们上周所采购的商品并检查为此花了多少美元。他们计划促销和计划打算采购的商品项目，实际上是在制订自己的销售计划。这种做法如此有效，多年来在他们发展并建成沃尔玛公司的过程中，它已成为沃尔玛公司文化的一部分。沃尔顿猜想那就是他们的星期六晨会的前身。沃尔玛公司的每个工作人员要清楚地知道公司的经营情况，并让每个人都意识到自己所犯的差错。当有人犯了一个严重错误时——不管是沃尔顿本人或其他任何人——都应该试图研究出如何纠正的办法，试图弥补自己缺乏经验和不够精明老练的另一种方法是花尽可能多的时间研究竞争对手。这是沃尔顿在一开始就这样做的，也是他坚持要求所有的经理都必须要做的。

※ 052 了解竞争对手

“去研究一下我们的竞争对手吧！考察一下我们的每一个竞争对手。不要专挑别人的短处，要找别人的长处。如果你找到别人的一个优点，那就是比你商店所进的商品更好的东西，我们必须试图把这个优点与我们的公司结合起来。”这句话沃尔顿对员工说了一遍又一遍。有时候只关心他们做得对的地方，而从来不关心他们哪些地方做错了，而每个人都有一些做得对的地方。

当吉布森公司的商店最初打进罗杰斯城时，沃尔玛商店实际上夹在两家商店之间。沃尔顿的两个助手约翰·雅各布和拉里·英格利希常上那儿去并在他们的店铺里走来走去，试图记住他们的价格。然后他们走出商店，把所有的价格写下来。但是那家商店后面有一个很大的敞开的垃圾箱，到晚上，在两家商店打烊后，约翰和拉里就到吉布森商店的垃圾箱里尽可能地搜集他们所能找到的许多价格秘密。沃尔顿猜想在那些日子里，他们很少有力量去对付令人麻烦的事情，也根本无暇顾及应以何种方式去做要做的事，也不顾及零售业惯例所规定的应该做的事情。现在沃尔顿雇用了一位来自密苏里州斯普林菲尔德的名叫杰姆·海克的批发商作为代理商为他们工作。沃尔玛商店从他那里进货，因此急需要有个人协助沃尔顿他们上纽约去采购商品。杰姆是这次带他们采购商品的人，他是一个爽直的人。他带着唐·惠特克和沃尔顿到处转并把他们俩介绍给他的客户。他说，“这些客人来自阿肯色州的一家小连锁店，他们是些可靠的人。”沃尔顿他们采购了各种套装、外衣、淑女装和童装，而他们则主要是零星商品的采购者，不像其他连锁商店那样搞采购，即一个采购员专门负责采购某一类商品，并且只采购该类商品线的货物。在采购男衬衫时沃尔顿常常从科洛尼尔制造厂的一位名叫哈利·克利斯特的人那里得到最好的优惠条件。他常常给沃尔顿作出特别的安排，大清早7点钟就在哈利·克利斯特的展销室中会见沃尔顿他们，因此他们有足够的时间上街采购。沃尔顿一直感谢这一点，多年来他从哈利·克利斯特那里采购了大量衬衫。

※ 053 难忘的采购之旅

沃尔顿带着唐·惠特克、菲尔·格林、克劳德·哈里斯、加里。赖因博思和巴德他们四、五个人或六个人一起外出采购。巴德说他永远不会忘记那些采购旅行，他们有采购预算，不管怎么用他们心里都清楚的明白总共可以花多少美元。例如为这一部门采购1万美元，为那个部门采购2万美元，恰好定在预算线以下。因此他们这一群阿肯色州来的家伙在纽约市到处走访。这一切对于巴德来说都感到十分新鲜。巴德从未到过纽约。沃尔顿将他们分成几对——有的采购家用物品，有的采购女士服装，以及其他等等。

有一天沃尔顿说：“巴德，你和唐·惠特克去采购男士服装。”但是他们两人中没有一个有过采购男装的经验。他们俩多半是从事五金杂货的，并不太熟悉服装行情。于是他们两人前往帝国大厦，那里集中了所有的男士服装制造商，巴德永远不会忘记那一天。他从未看到过这样的情况。他们真的失去了自制力，就买了棉毛衫、内衣裤，各种各样的货物。然后在晚上聚集在旅馆的房间里检查他们所花的钱。多数情况下他们的采购会超过预算，有些人第二天就不得不回去取消掉一些订单。

从一开始的时候沃尔顿就试图向他们灌输这样一个观念，即不能一到了纽约就随波逐流。到任何地方总是步行，从不雇出租车。沃尔顿给采购出差定下了这样一个公式：他们的出差费用不应超过采购金额的1%，所以他们这五六个人总是挤住在麦迪逊广场花园附近的一家小旅馆里，沃尔顿不管是早上还是晚上也要找个客户谈生意。你要知道找纽约人这样做是相当困难的，因为纽约人都要乘火车上下班，并且他们对一切都恪守规则。但是沃尔顿却能够做到。一方面他要求出差时间尽可能地短，另一方面他要确保他们的人有工作可干。总之，这些人分成几组到不同类型的几家公司的展销室参观。

他们工作不到晚上12点半从不歇手，然后一起跑出去喝啤酒，除了沃尔顿。他总是说，“明早6点早餐时见。”他们会说，“沃尔顿先生，没有理由要那么早碰头。那么早连办公楼大门还没法进呢。”然而他只是说，“我们会发现有些事情要做的。”第二天早上他会说服某个门房或某个人让他们进入办公楼，当那些展销室工作人员开始上班时他们早已坐在展销室门外等候了。

加里认为沃尔顿总是在力图表明：“并不因为我们是在纽约，就意味着我们必须按他们的方式进行工作。我希望加里确实理解我想要强调的方面，因为不管我们在哪里，我们总要设法向我们的同仁灌输这一思想，那就是我们沃尔玛公司有我们的办事方式。它也许与众不同，也许开始时某些同仁需要花些时间才能适应。但是这种做法是诚实可靠的，基本上比较容易领会，如果你想领会的话。不管其他人愿不愿意与我们相适应，我们仍然坚持我们所相信的做法，因为事实证明它是非常非常成功的。我们逆流而上，它使我们变得坚强、精干和机灵。我们对这种采购出差的方式甘之如饴。我们实在看不出现在有什么理由要转变做法与其他人认同，去随波逐流。”

※ 054 一个幸福、温馨的计划

在沃尔玛公司创立之前，沃尔顿认为他家与当时当地的其他人家没有多大的不同。沃尔顿和海伦制定了相当详细的计划：他们准备要四个孩子，而且海伦说她想在30岁以前全生齐。这样，他们在将来就可以和儿孙们共享天伦之乐。由于如此确信，他们在离开纽波特时，已有了四个孩子。三个男孩——罗布、约翰和吉姆，还有一个女孩——艾丽斯。海伦一直坚持要在小镇上生活，原因之一是他们想用年轻时形成的价值观培养孩子们。沃尔顿和海伦也的确是这样做了。孩子们未经历过大萧条时期，从未担心过一日三餐。他们想让孩子们有一个良好的成长环境。他们的另一个目标是让家庭和睦温馨，海伦就是在这种环境中长大的。沃尔顿在前面提过，罗布森家族在理财方面对沃尔顿和海伦有非常大的影响。沃尔顿认为他们的幸福和成功应归功于和睦的家庭——一个能激发人灵感的家庭。沃尔顿和海伦都想给孩子们这样一个家庭。

对于沃尔顿来说拥有一个难以忘怀的童年。尽管其中一部分回忆起来令人伤感，但海伦却认为它对沃尔顿的一生有着重要的影响。其实沃尔顿的父母相处并不和睦，在一起时总是吵个没完。沃尔顿很爱他们，他们都很有个性，各不相让。他们之所以没有离婚仅仅是为了沃尔顿和他的兄弟巴德。他们长大以后，父母就分居了一阵子。战争时期，沃尔顿的母亲去加利福尼亚的兵工厂工作。沃尔顿作为长子，在成长过程中，感到家庭的不和对他压力很大。他不能确定这种情况在多大程度上影响了自己的个性——这是沃尔顿呆在家中总是忙忙碌碌的部分原因——沃尔顿曾发过誓：若他以后有了家庭，决不那般争吵不休。

※ 055 对孩子的悉心培养

沃尔顿和他的妻子海伦都尽力保持家庭的和睦，让自己的孩子有机会参与他们小时做过的事。例如沃尔顿让他的孩子们都参加了童子军，而他曾经当过童子军的头头。所有的孩子都玩橄榄球，而且都玩得很棒。实际上他们都在本州的球队效过力。当吉姆即将毕业的时候，全城的人都对教练说：这将带来影响，无法想象该队少了一个沃尔顿前景会如何？教练便尽力劝说艾丽斯加入球队，她打得也许还不错。周五晚上沃尔顿总尽量呆在家里，这样他就不会错过球赛，在比赛激烈时观众大抛彩纸。这时他深深感到训练有素的重要性，艾丽斯很小就参加过马术表演。另外，他们都去教堂和主日学校，有一段时间沃尔顿曾是那儿的教师呢。

沃尔顿确有一段时间在主日学校当老师，即便这样他仍坚持平常的工作习惯。在纽波特的一段时间，他每个周六都工作到晚上10点多，星期日早上起来后照常工作。他和妻子约定轮流送孩子上主日学校，但沃尔顿独自一人为四个孩子穿好上教堂去的衣服确实有点难以置信。说实在的，沃尔玛公司创建之后，沃尔顿就很少有时间和家人在一起，但别误认为在沃尔玛开张之前，他没有把大量时间用在工作上。通过和妻子海伦的共同努力，孩子们在成长过程中无时无刻不受到传统价值观的教育：坚信努力工作、诚实、与人和睦相处、勤俭节约的重要性。海伦一人承担了大部分养儿育女的责任，劳碌良多。沃尔顿一星期至少得工作六天，星期六是他最辛苦的日子，全天和整个晚上都要工作，这是他们的价值观起的作用。正如艾丽斯所言，他们家与其他人家的唯一区别在于他们每个人都为商店干活。

※ 056 罗布·沃尔顿

罗布·沃尔顿是沃尔顿其中的一个儿子，他每天放学之后就在店里拖地板、搬箱子。在暑期里就做得更多了。他们总在店里工作，罗布记得在一天晚上他刚刚考出驾驶执照，就拉了一卡车货物到位于圣罗伯特的本·富兰克林商店。众所周知，本·富兰克林商店是世界上最好的商店之一。在那时，虽然干活也有报酬，可所得要比其他人少。罗布并不知道他们受到了剥削，但确实没有多少钱。在罗布的眼中父亲总是很俭朴，“俭朴”是个很好的字眼。他总让子女们往店里投资，在圣罗伯特店的投资所得的利润将支付自己的房钱，除此之外还支付他父亲称之为“奢侈”的其他各种费用。

沃尔顿猜想，孩子们以为奴隶劳动加到了他们头上，其实沃尔顿并未想让孩子们如此辛劳，他只想让他们领略到劳动的真谛。除此之外，沃尔顿也需要帮手——不论在家里还是在店里。罗布没有时间除草，为何不利用他那三个结实魁梧的男孩和一个健康的女孩来干活。他们也并非把全部时间用于工作，沃尔顿和海伦都很重视花时间带全家一起外出旅游或野营。有时孩子们认为这种强行军式的旅行是一种苦差使。但沃尔顿认为他们在一起的这段时间为保持良好的家庭关系奠定了基础。有一次周游全国给他们留下了许多美好的回忆，特别是在一辆旧式的“德索托”（Desoto）旅行汽车里。

沃尔顿总是要求他的孩子们要灵活些。不管是进行家庭旅行还是商务旅行，都经常更动行程，甚至在踏上旅程后，总还要对计划进行更改。后来，沃尔顿的孩子们都窃笑那些将自己父亲看作伟大战略家的作者们。这些作者们认为，沃尔顿能凭直觉制定复杂周详的计划，并一丝不苟地执行。其实沃尔顿的事业是在不断地改变计划中繁荣起来的，对他说来，没有一项决策是不可改变的。

※ 057 野营

沃尔玛开张前，沃尔顿还不算一年四季忙忙碌碌。在经营本·富兰克林商店时，他们每年都有一个月的休假。逛公园、在外野营，而在这休假期间他们的足迹遍及阿肯色州。他们对该州产生了很深的感情，那真是一段美好的时光。有一年，他们长途旅行到黄石公园；又有一年去了弗德台地（MesaVerde）和大峡谷（GrandCanyon）。有一次，东行的印象更是难以忘怀。他们经过南北卡罗来纳州，抵达东海岸。孩子们把汽车都塞满了，汽车里到处捆扎着野营装备。沃尔顿带着一家人和一只叫廷尼的小狗——车顶上架着独木舟，车后拖着拖车。他们坐在旅行车里大摇大摆地开进纽约市，这四个孩子都是生平第一次到纽约，那次旅行对沃尔顿的印象特别深刻。他们去看了由原班人马演出的舞台剧《卡默洛特》，演员包括朱莉·安德鲁斯、理查德·伯顿、罗迪·麦克道尔和罗伯特·古利特。当时他们都穿着百慕大短裤去看戏的。

每年夏天，沃尔顿都会带着一家人去全国各地野营。只要沃尔顿沿途停下来去看他的商店，他的孩子们就沿路玩耍。在一般情况下，沃尔顿会先帮孩子们选好营地，搭起帐篷，等海伦和孩子们都安顿下来后，他才去看商店。虽然沃尔顿的工作非常卖力，旅行又多，但在孩子们的心中从未感到他常不在家。沃尔顿总是设法多与孩子们呆在一起，和他们相处轻松愉快。沃尔顿喜欢和孩子们打棒球。

沃尔顿很乐意进行这种旅行，野营成了他们生活中的重要内容。当然，他们经常得停下车去逛商店——各种各样的店——每经过一座不错的城镇，沃尔顿都会知道那儿有些什么样的商店，海伦经常会和孩子们留在汽车里等，孩子们会对沃尔顿说：“好啦，爸爸！不要再去别的店了！”他们已习惯于此。以后，沃尔顿经过凯马特商店时没有一次不停下来进去看一看的。

罗布记得父亲爱逛商店，但不记得逛商店影响或打扰旅行，因为他只记得旅行中的美好时光让人难以忘怀。在去大特顿公园的途中他们有个机会进行一次在当时算是相当昂贵的活动，到山里去做一次钓鱼野营，在那里呆上几天。但这会用去他们所有的钱，于是他们一家人不得不进行表决，以决定是否要去。最后他们决定去，也的确十分有趣。由于用完了所有的钱，他们不得不在布莱克山作短暂停留以后便立刻打道回府。

沃尔顿确实喜欢逛商店。事实上，他们逛遍了全世界的商店，从中得到许多了不起的点子，当然有些点子实行起来效果不佳。比如像周末工作，如果想要在零售业中获得成功，就必须这么做。使沃尔顿很欣慰的是，孩子们能记得美好的时光，而不埋怨他这些年来不能陪伴他们以及自己没把心思放在家里。沃尔顿想，他们不太埋怨的一个原因也许就是他和海伦总把他们拉入商业活动中，并从一开始就让他们接受正确的信息。在度假时，他们也许并不想逛那些商店，但他们知道沃尔顿这样做的原因，因为他们也在商店里打工、投资和购物。

※ 058 一个善良的母亲

在第一家本顿维尔店里，部分商品的短缺海伦觉得应该归咎于她自己（通常是因被盗而造成莫名其妙的存货缺损）。如果家里需要什么，她就顺手拿回家，从没想到要付钱。这样做是非常不好的，因为别人看到她拿东西不付钱，就也会顺手牵羊。而在经营沃尔玛百货店期间海伦得要付钱购物，开始很不习惯，这确实是个不小的震动。

每逢圣诞节，海伦会从儿童福利办公室得到一份名单，上面是一些无法得到圣诞老人礼物的儿童以及他们的年龄及身高等资料。一天夜里，在店打烊之后，海伦就带着四个孩子来到店里，让他们为那些不幸的儿童挑选礼物，因为海伦想把家庭的温暖给那些不幸的儿童分享，也让她的孩子们感受一下自己温馨家庭以外的另一种气氛。这个镇很小，他们能为社区尽上一份微薄之力，觉得很踏实。

有一件事海伦从未做过——这件事情让她引以为荣——那就是她从不迫使孩子们做他们不愿做的事。海伦决得自己天生劳碌命，因此不希望孩子们和她一样。而且，同时她也欢迎他们参与商业活动，但他们必须要像她一样努力地干活，必须有将来成为生意人的决心。

※ 059 小有成就的一群儿女

罗布进了法律学院，毕业后成了本公司第一位律师。他为本公司在社会上扩大影响做了大量的工作，在担任了本公司的领导岗位和董事会成员之后，参与了公司的上层管理。吉姆学了许多房地产知识，并从他巴德叔叔那里学到了谈判的艺术。当巴德从本地选择新店开设地点的工作中摆脱出来后，吉姆接管了过来。他确实很擅长经营，至今还能听到他的一些传闻，说他行色匆匆，骑着自行车，飞快地穿过大街小巷，寻找好的店址，当时人们还弄不清这个年轻人是谁，但他确实建树良多。现在，由他管理着沃尔顿企业，海伦看他经营起来几乎像自己一样精打细算。

此外，沃尔顿企业在这儿的几个城镇都开设了银行。吉姆和一个合伙人买下一家地方报纸《每日纪事报》。购买《每日纪事报》的事表明，从海伦到店里随便拿她所需要的东西，到如今，他们已经走过了一段多么漫长的道路。在沃尔玛商店上市前需要有个地方能廉价印刷宣传品，因此海伦仅花了6.5万美元买下了这家旧报纸。但是，报纸发行后，纽约的一些律师来到镇上，告诉他们必须将报纸卖给沃尔玛，否则，他们续印宣传品，就会有利益输送之嫌。因此，他们以11万美元将报纸卖给沃尔玛商店。一些年后，吉姆决定买回报纸。于是他们从外面请来了一位顾问，与沃尔玛商店商洽，最后吉姆与他的合伙人为了那家破报纸付了110万美元。还好报纸还有些微利，但已在几年前就停止印刷沃尔玛百货的宣传品了。

他们不会利用沃尔玛，也没有不公正地显示他们在沃尔玛公司里的地位，这一点公司的每一个人都知道。

艾丽斯和约翰也都在沃尔玛做过一阵子，但后来都出去开办了自己独立的事业。艾丽斯一度想成为采购人员，但她对此并不很在意。现在，她已拥有了自己的一家投资公司，利亚马公司，位于费那特维尔之南。在某些方面，海伦觉得她更像自己，如刚愎自用，她甚至比自己更加善变。约翰曾在越战时期美驻越南的绿贝雷帽特种部队中当过医务兵，是沃尔玛公司的第二位飞行员，他个性极强。他和自己一家人住在西部，在那里他设计并制造帆船，也经营一家规模不小的播撒农药的公司。该公司隶属于沃尔顿企业公司。

※ 060 不同的教育方式

沃尔顿和海伦的父亲在一个方面大异其趣。那就是对孩子的教育方式不同，海伦的父亲在海伦小的时候总是教训她该怎样生活、怎样工作，并喋喋不休地鼓励她做这做那。但是沃尔顿就不那样对待孩子们，因从小受到父亲的影响海伦对待孩子却和沃尔顿不同，孩子们大多受不了她这一套，而沃尔顿心中有数，却保持沉默。就像艾丽斯所说的在他们成长的过程中，沃尔顿确实是一个和蔼可亲的父亲。如果你考试得了A和B，海伦就会向孩子们施加压力说：“我过去全得A，我知道你也行。”而沃尔顿则要温和得多，他会说：“我过去既得A，也得B，A和B都很好。”

约翰记得有一次曾要求沃尔顿允许他去爬布法罗里弗对岸的峭壁，而沃尔顿则说：“你如果觉得自己已长大了，可以去攀那山崖的话，那你就去攀吧。”这是对一个12岁的孩子的判断力的一种令人兴奋的挑战，对他的自信心的强烈鼓舞。后来，当约翰真的长大了，并试图在世上寻找一种适合于自己行为方式的工作的时候，沃尔顿公开邀请他加入沃尔玛公司，但从未暗中施加压力。这是多么良好的成长环境啊。

※ 061 率直的海伦

沃尔顿第一次约会就爱上了海伦，其中的一个原因是她有个性。事实证明在那方面她从不令人失望。例如，有一件事使她在公司里颇为出名，那就是坚持要所有的总经理和经理们参加星期六早上的例会。海伦喜欢这种形式的例会，原因之一是，如果沃尔玛所有的分店经理们星期六必须在店里工作的话，那么在总公司工作的人就没有理由星期六不上班。加之，如果你不愿在周末工作，那你就不该从事零售行业。如果有人问海伦对星期六早上例会的看法，那她也会说出她自己的看法。

沃尔顿一直认为许多为人父母者星期六让孩子们参加体育活动，而自己却因为要参加星期六早上例会而不能跟孩子一起活动，这不能不说是一大遗憾。对抱怨者沃尔顿觉得不应加以指责。作为一个零售商，沃尔顿总是在有关政治问题的争论中保持中立，即使他有明确的观点也不公开表明。海伦则不然，喜欢直来直去。在沃尔顿看来，她确实有点女权主义者的味道，他们不时也会有些争吵。不过她决不赞同那些极端女权主义的观点。海伦从不过问沃尔顿的思考方式，而沃尔顿也绝不试图去告诉她该怎样思考。他们结婚不久，曾为买什么型号的汽车而大吵了一场，沃尔顿主张买“雪佛兰”，她要买“福特”。尽管后来没有谁占上风，但他们都明白了彼此是多么的顽固。打那以后，他们再也没有争吵过，幸福地生活在一起，但也独立地发展着各自的兴趣。

※ 062 成为首富的烦恼

有一件事使沃尔顿的家庭颇为紧张，那就是他们成了全美国商业界首富这件事。沃尔顿不知道海伦是否会真的原谅他把全家都带入这样的窘境。

海伦觉得他们一家人已过得很好，为什么还要四处奔波，扩大规模呢？她最痛恨的是成为好奇的对象。人们对任何事都很好奇，而他们一家正好成为公众议论的话题。当海伦一想到这点，就非常生气。当然，海伦是对的。但沃尔顿想，引起混乱的主要原因是他们不愿使自己的家庭成为向社会半公开化的家庭，他们喜欢尽兴地做自己想做的事。孩子们对此则只耸耸肩而已。沃尔顿认为这对孩子们的影响不算太大，因为他们是逐渐经历这个过程的，而在他们的成长中，他们已受到了良好的基本价值观的熏陶。沃尔顿有时确也担心沃尔顿家族的子孙后代。诚然，要期望他们都能去送报，都能自力更生是不现实的，他管不了那么多。但是沃尔顿决不愿亲眼看到他的子孙后代堕落成游手好闲、庸庸碌碌之辈，这一点是毫无疑问的。沃尔顿真心希望他和海伦及孩子们的价值观能一代代传下去。即使将来，沃尔顿家的人无需从早到晚地工作，不必整天站在收银台前忙碌，沃尔顿也希望他们会有做些有建设性和有用的工作的愿望，勇于向生活挑战。也许沃尔顿的后代应考虑是否要深入研究医学问题，钻研防治癌症的方法；或考虑如何将文化教育普及到下层社会的新方案；或成为促进第三世界自由事业的传教士。或许——这绝对是沃尔顿个人的想法——会有另一个沃尔顿零售商正在酝酿着一鸣惊人的事业。

※ 063 不走寻常路的沃尔顿

在创业之初，他们看上去一定很像专业促销人员，在停车场上骑驴，驾驶推草机，将清洁剂堆积得像山一样高，或是在店堂里堆满促销商品——但却没人想得到，包括一些经理，他们一开始就努力成为最好的零售业者，也就是最有专业水平的经理。毫无疑问，沃尔顿具有促销人员的素质。这种素质再加上沃尔玛的几分非正统的经营风格，很可能在一开始的时候就是令外人迷惑。实际上，偶尔沃尔顿也听到有人把他和巴纳姆相提并论，就是因为他喜欢面对一大群人发表言论，例如讲一个想法、一家商店、一种产品和整个公司等等。而在内心深处，他有一个经销商的灵魂，喜欢把事情做好，然后想办法做得更好，最后设法做得尽可能地好。当人们看到沃尔顿在溅着咖啡痕迹的黄色便笺本上草草记东西，或者把装满女式内衣的箱子从客货两用车里拖出来时，也许会认为他不正常呢。这些人以为他们不会持久，有些人甚至认为他们是无头苍蝇，今天做做折价生意，明天出去改卖汽车或炒炒地皮。显然，长期来这种对自己事业的误解反而对他们有利，因为人们不太在意他们的发展，等到沃尔玛已经腾飞，他们就再也别想赶上了。

※ 064 势不可挡的新潮流

折价销售在开始的时候吸引过很多促销者，包括在分销中心的促销者或是不动产业者，他们并非真正对交易感兴趣，而只是看准了这个大好机遇。明眼人一看便知，折价销售将成为一种新的潮流，将席卷全国，所有人都会投入其中，不论是衣阿华州的锡达拉皮兹，或密苏里州的斯普林菲尔德，都是一样。他们只是照搬康涅狄格州或波士顿某家商店的做法，雇一些懂得业务的进货员和业务主管，然后就开店。大约从1958年到1970年，这种做法相当成功。

这些早期的大折价商，大多是自我意识非常强烈的人物，他们喜欢驾驶舒适的卡迪拉克车，坐私人飞机旅行，乘游艇度假，住着沃尔顿不曾想过的豪华住宅。记得沃尔顿有一次曾应邀去过这样一所住宅赴宴，前来接他的是一辆能容纳14人的大型轿车。他们过着穷奢极欲的生活，亏得那时的折价销售还算景气，使他们能够承受得起如此奢侈的生活。真是顾客盈门，钞票滚滚而来。如果他们能遵循最基本的一些原则，那就不会落到关门大吉的下场。要创立资本雄厚的大公司有许多方法，沃尔玛并不是唯一的方法，各种方法均可，但一定要下真工夫。一旦失去目标，就要付出代价。也许他们并不是因为坐卡迪拉克车或乘游艇而垮台，也许是他们觉得不值得像沃尔顿他们那样去干。但是有一点可以肯定，他们对业务不够投入，所以才会走到事物的反面。

※ 065 着手建立零售机构

对沃尔顿略有所知的人都知道他从不追随一时的风潮，他总是尽力去建立一个良好的零售机构。但在第一家沃尔玛店开业前后，沃尔顿到处游历，结识了许多促销者，参观了他所能找到的每一家店铺和公司总部，认真研究折价销售的形式。

沃尔顿参观的第一批商店是东部的批发仓库店，那些店是折价销售的发源地。他还去了另一家位于罗得岛的安—霍普百货店。此外，还去过马萨诸塞州和新英格兰的其他一些商店。此后，沃尔顿又参观了巨人百货店、马默斯和阿兰百货店等等。一位让自己学到很多东西的朋友是索尔·普赖斯，他于1955在南加利福尼亚成功地创建了联合百货商店。沃尔顿和他的女婿交了朋友，他在休斯敦经营一家分销中心，和他谈话帮我理清了有关分销的思路——它最终成了沃尔玛成功的另一把钥匙。沃尔顿想，他是抄袭了或者说是“借用”了许多像索尔·普赖斯或商业界其他人的点子。举例来说吧，鲍勃·博格尔那天在飞机上想出了沃尔玛这个名称，沃尔顿马上赞成的原因并非这个名称简便，制作起来可以省些费用，而是他的确喜欢索尔的联合百货商店的名称，所以沃尔顿采用了沃尔玛这个名字。他相信，那时凯马特的名称尚未出现。他在前不久的商业报上读到，1976年商界前100名折价销售商中，现在已消失了76家。其中不少开张时有雄厚资本和明确的目标，在大城市又有频繁的商业机会。但他们尤如昙花一现。

沃尔顿不禁开始思考，他们失败的原因，而自己又是怎么成功的。由于他们不把顾客当回事，不努力搞好店面的管理，不端正服务态度，归根结底是因为公司没有真正去关心自己的员工，同时也没有建立良好组织以及类似分销中心这样的后勤支援的情况下发展过于迅速，他们不愿到别人的店里去实地考察学习，沃尔顿去过他们的商店甚至比任何其他人去的次数要多，这就是他们失败的原因。接着塔吉特百货也进入市场，使整个折价销售更上一层楼，在这些有实力的零售业者建立起组织体系之后，竞争更趋剧烈。那些不够精明的人无法满足顾客的需求，又没有组成强大的体系，于是开始走下坡路，最终宣告失败。

※ 066 打探“秘密”

沃尔玛发展的早期，还是一个小得不起眼，引不起任何一位巨头的注意，大多数人未进入他们的地域范围，也没有卷入竞争圈子：这样的话就让沃尔顿我有机会去得到他们经营的信息，也许他所造访的零售公司的总部比其他任何人都多。他一到场就说：“您好，我是阿肯色州本顿维尔的萨姆·沃尔顿，我们在那里经营着几家商店，我想拜访一下某某先生，谈谈生意事情。”通常他们都会让沃尔顿进去，也许出于好奇心吧，接着沃尔顿就询问许多关于价格和分销诸方面问题，受益甚多。

有一位名叫库尔特·巴纳德的零售顾问，他曾是折价销售同业商会的执行副总裁，1967年的一天，他正在纽约的办公室工作，秘书说有人在门外要求加入他们的行业。于是巴纳德就给了门外这个人10分钟。这时一位矮小精悍、皮肤晒得很黑的人走了进来，腋下还夹着一只网球拍。他自我介绍说是阿肯色州的萨姆·沃尔顿。当沃尔顿和巴纳德见面的时候他一直盯着他——头微侧向一边，前额有少许皱纹——尽量设法从巴纳德的口中套取一切信息，还不时地做着记录。谈话越来越深入，两个半小时后沃尔顿走了，巴纳德也累垮了。巴纳德不能确定刚才会见的人到底是什么身份，但是他有一种预感以后会越来越多地听到有关他的消息。

※ 067 费罗尔德·阿伦

在60年代后期，沃尔顿已有了十几家沃尔玛百货商店和十四五家特价商店。沃尔顿和总部的三位女士、以及唐·惠特克再加上每一家店有一位经理经管着这个相当规模的公司。但是手下的人对于进货都不是特别有经验，也没有经营到何种规模才有利于采购的足够知识。于是沃尔顿下决心要找一个资深管理者。他曾从J.J.纽贝里店雇来了加里·赖因博思，那时这家大型杂货连锁店刚好有些经营危机，沃尔顿问他能否自我推荐人才，他就向沃尔顿推荐在奥马哈的费罗尔德·阿伦。他是纽贝里店的部门经理，也是整个中西部商业采购的总负责人。所以，沃尔顿和巴德乘飞机专程去拜访他，请他携夫人来这儿看看他们这里的经营情况。

1966年年中，沃尔玛第五分店正在阿肯色州的康韦筹建之中，沃尔顿激动地对阿伦说："我一定要让你看看我们的计划。"于是他把费罗尔德和他的夫人请上了飞机，飞抵康韦。该店的一边是棉花加工厂，另一边是牲畜围场，环境糟糕至极。阿伦的第一个念头是：店不能设在这里。接着想到本顿维尔店不像是有很好的组织规划。那时候的费罗尔德对整个萨姆·沃尔顿的经营没有太深的印象。后来，康韦的沃尔玛店开业之后，沃尔顿把销售情况告诉了阿伦，天哪，简直不敢想象，这家店一天做成的生意竟是他们偌大商店一个月才能做成的。他又说，他每平方英尺只需付90美分的租金。

费罗尔德来了以后当了副总裁，费了些时间还算可以适应工作。总公司仍在本顿维尔的广场上，沃尔顿已改造了它们——相信改造得很棒——但在沃尔顿看来还不够。这些办公室在一个陈旧而狭窄的过道楼上，下面是理发店和律师事务所。有些地板已下陷，从墙角到中间高低相差约有四英寸左右，他们用木板把房间隔开。实在是个结构紧凑相当拥挤的办公室。尽管沃尔顿没有给费罗尔德一个舒适的办公室，但把他请来是公司的重要决策。

※ 068 为事业学习IBM计算机

沃尔顿将费罗尔德请来当副总裁，这意味着他们必须组织得比原先要好。而且还得建一个商品分类和补充系统。所有这些项目的实施，有赖于商店职工的手工操作——那时计算机尚未普及。沃尔顿读过许多有关电脑的文章，感到相当好奇，于是决心学用IBM计算机，为此沃尔顿参加了纽约波基普西的IBM学校开设的零售业电脑课程。一位教师来自属于折价同业会名下的全美大型零售业协会（NMRI），他的名字叫阿贝·马克斯。

阿贝·马克斯，哈特菲尔德·佐迪商场负责人，全美大型零售业协会会长。有一次马克斯参加一个零售业会议，正在看一份报告，隐约感到有人站在那儿，抬头一看，是一位身穿黑色西装、夹着公文包、头发浅灰色的男士。于是马克斯我自忖道："这家伙是谁？像个企业家。”他问马克斯是不是阿贝·马克斯，马克斯说：“是。”

他说：“请允许我自我介绍一下，我叫萨姆·沃尔顿，阿肯色州本顿维尔的一个无名小卒，从事零售业。”

马克斯说：“你得原谅我，萨姆，我自认为知道零售业所有的公司和个人，但不曾听到过萨姆·沃尔顿。你能再说一下贵公司的名称吗？”

沃尔顿说：“沃尔玛公司。”

于是马克斯说：“好吧，欢迎你加入折价行业会。相信你会喜欢我们正在开的会议，并很快熟悉这里的每一位朋友。”

“谢谢您的美意，马克斯先生，说实在的，我不是来这里搞交际应酬的，我只是来拜访您。我知道您是一个合格的会计师，且颇有成就，我很想就我们正在搞的事业得到您的指点。”说着沃尔顿打开公文包，包里装着他曾写过的每一篇文章和每一次演讲的文稿。马克斯想：“这家伙是个扎实的人。”然后，沃尔顿把一本会计账本递给马克斯，所有的条目都是用手写出来的。沃尔顿说：“请告诉我哪里出了错？”马克斯看着这些数字——是1966年的——马克斯真不敢相信他看到的东西。眼前的这个人只开了几家商店，却一年做成了一千万美元的生意，实在不可思议！

之后马克斯又看了一下这份记录，然后说：“你问我哪里做错了？——如果我可以叫你萨姆的话——让我告诉你哪里做错了。”马克斯把账本还给他，帮他合上公文包，对他说：“呆在这里就是错，萨姆。别再打开包了，下楼去吧，叫辆出租车去机场，马上飞回家去，按你现在的做法，继续你正在做的事。你实在做得太好了，根本无须改进，你是一个天才。”马克斯邀沃尔顿加入全美大型零售业协会，该协会日后使他受益匪浅。沃尔顿在该会里呆了15年，和一些人有良好的共事经验，也交了很多朋友。后来沃尔顿去纽约马克斯的办公室又拜访了他几次。他头脑开放，还教沃尔顿如何用计算机管理商店。

※ 069 解决“分身乏术”的困境

按今天的标准来看那时候的电脑系统是初级的，但是在20世纪60年代算得上非常先进了，很少有公司当时会想到用这种方法来管理商品存货。沃尔顿为掌握计算机操作费了许多时间，之后又带了他公司的人来学习。他是个对什么事都要精益求精的人，然后使之服务于自己的需要。马克斯早期帮他设计的电脑系统主要用于后勤支援。这就好比军队打仗，你可把军队派往全世界，但必须有军火和食品的供给，否则就毫无用处，沃尔顿明白这个道理。他知道自己已处于商业界称之为“分身乏术”的困境，把商店开到你难以掌握的地方，要去管理却鞭长莫及。如果他想发展，就得学会如何控制。为此，必须得到及时的、全方位的信息，这些信息包括：店里有多少商品？是什么商品？哪些商品销得较好？哪些卖不出去？哪些该补订货？哪些该降价求售？以及怎样替换那些滞销商品？要掌握更多的技巧，就是帮助公司控制存货周转率，即销货与存货的比例。这是关键所在。周转率越高，则需要的资金就越少，而要达到高存货周转率，还要涉及进货的时机，如何定价、折扣等等，这些都是后勤补给的问题。

在1966年的初级阶段，沃尔顿经营仅有的几家商店——他不能把商店扩展到界线以外，除非他有能力获得书面咨询报告来实现控制。他真的掌握了最有效的信息，解决了分身乏术的问题。这使他能毫无顾虑地增加分店数目，并经营得如此成功，利润如此丰厚。没有计算机，沃尔顿后来不可能取得这些成就。没有计算机他不可能以他自己规划的方式建成一个零售帝国。他还做了许多其他事，但如果没有计算机的帮助，一切都是不可想象的。

※ 070 分销难题

在学校里，沃尔顿遇到了各种精明的人才。如戴尔·沃曼，一个来自波恃兰市弗雷德·迈耶公司的非常精明的零售商，后来成了他们的好朋友。另外还有阿里·拉扎勒斯，他是赫布·费希尔的詹姆斯韦公司的总裁。当然，最重要的就是在那儿沃尔顿邂逅了罗恩·迈耶，他那时是阿肯色州阿比林市达克沃尔商店年轻的财务主管。沃尔顿判断他正是沃尔玛所需的人才，便开始游说他为自己工作。和其他人一样，那时他对调到本顿维尔，为一个简直一无所知的人工作毫无兴趣。但到后来，他们终于使罗恩·迈耶改变了主意。

除此之外，沃尔顿胸中还有一个难题：分销。所有这些人，像阿贝·马克斯，都在大都市商场里工作，有大型的分销商提供服务。凯马特公司和伍尔科公司都采用了同样的分销系统向成百上千的杂货店供货。而他们的一些分店就摆脱不了无人提供货源的困境，这至少意味着沃尔玛的分店经理们得自行去订货，然后有一天，一辆卡车从某处开来，卸下他们要的货。即使在当时那个阶段，这种方式也是行不通的。他们的许多分店规模太小，不能一次订下足够的货，因此不得不租下本顿维尔市区的一个旧车场作为临时仓库。同时又将大量货物先运到仓库，然后将货改装成小包装，再运到各个分店里去。这种方法既费钱又费时。就在那个时期，沃尔顿和费罗尔德从纽贝里百货店雇来了另一个人——鲍勃·桑顿。他曾为纽贝里百货公司在奥马哈市开了一家分销中心。沃尔顿答应他，将建一个分销中心交给他经营管理。

※ 071 面临重要抉择

沃尔顿雇用了桑顿，因为沃尔顿相信他能建立一个贮存及分销系统。桑顿也接受了这份工作，移居到了这里，并开始制订计划。然而有一天沃尔顿对他们是否真的需要一个仓库提出疑问，这使桑顿非常不安，因为它确实是他全心全意想做的事。说：“唉，萨姆，我想经营一个贮存处。”此后有半年到一年的时间，桑顿就在公司帮忙做各种各样的其他事务。在工余时间他就为建立一个分销中心做计划。办公室里已没有空位给他，因此他们在墙上开了一个洞通到隔壁一家鞋店的楼上，有点类似小阁楼，桑顿就在那里办公。他的办公室既没有供暖设备也没有空调，他们把一间陈旧的盥洗室加上门帘，外面部分就兼做休息室。到现在已有大约25个人在那里工作了。沃尔顿经常去看看桑顿做仓库规划的进度，但桑顿明白沃尔顿还拿不定主意。

沃尔顿知道他们需要一个仓库，他只是想确保他们所建的正是自己所需要的仓库。在那个时期，沃尔顿得靠自己筹集资金，支付每一分钱，为了开新店，他向银行贷了很多的款。正好有一位在IBM电脑班学习的同学，在威斯康星州格林贝市负责贮藏和分销中心的工作。他邀请沃尔顿前去参观。在下课后，沃尔顿叫来了唐·惠特克、费罗尔德和鲍勃·桑顿以及另外两个人，一行六人坐沃尔顿那架“男爵”号座机到了威斯康星州的格林贝。他们参观了整个仓库，看他如何经营，也详细地做了笔记。那是一个由电脑控制的仓储中心，也是第一个沃尔顿所了解的电脑化仓储系统。那次访问后使沃尔顿意识到他们必须建立自己的仓库，而且每个人都要求沃尔顿再建一座标准的办公地点。所以他们用大约25万美元买下了坐落在本顿维尔市边上的一个占地15英亩的农场。到现在他们还在那儿办公。鲍勃负责建造面积为1.5万平方英尺的标准办公楼，沃尔顿想它应能供他们永远使用。还有一间6万平方英尺的仓库，沃尔顿认为它太大了，但费罗尔德说他们会需要它。

※ 072 仓库的最终建立

在桑顿的设计蓝图里，仓库需要10万平方英尺，在沃尔顿看来还未必够用。后来，沃尔顿姆又请来了一位建筑师重新规划，等桑顿看到他的设计图时吓了一跳：“啊，这不对了，只有6万平方英尺。”因此桑顿找到沃尔顿，问他是怎么回事。他说：“没错，我叫来了建筑师，让他进行压缩。我认为我们不需要10万平方英尺的仓库，鲍勃。”另外，桑顿设计的分销中心地上铺设轨道，搬运车可以迅速作业。沃尔顿说：“嗨，鲍勃，我想最好不要那样做，我们负担不起这种费用。”但是没有搬运轨道系统的仓库怎样运行桑顿实在不知道，于是他只能说：“嘿，萨姆，果我们没有搬运轨道系统，那么留着我还有什么用处呢！”最后沃尔顿终于让步了。事实上，他从不按部就班地做任何一件事，除非确实需要这样做。

在那个时候，沃尔顿对花费任何非必需的开支十分敏感。他们想方设法让商店的利润全数转投资到开新店上去。但是还是向银行贷了许多钱。为了发展公司，沃尔顿个人负了许多债——大约200万美元，这在当时是一大笔钱，对沃尔顿来说确实是一个沉重的负担。而现在，公司已经慢慢的走上了正轨。他们的业务已经扩展到了密苏里州，赛克斯顿是他们在那儿的第一家店。另外在尼欧肖和西普莱恩斯也建立了一些分店，他们还到了俄克拉何马州的克莱尔莫尔市——海伦的故乡开了一家分店。他们最初的七、八家沃尔玛百货店经营取得了辉煌的成就。一旦开了头就难以歇手，理由是，你已清楚地看到了发展的潜力。销售和利润都摆在那儿，但还需要更好的组织和找出切实可行的办法来为发展筹集资金。沃尔顿需要人手帮助他处理管理系统和分销工作。

※ 073 分销系统的后续进展

沃尔顿一直与罗恩·迈耶保持联系，并不断游说他为自己工作。

最后，沃尔顿终于说服他先来看看他们是怎样工作的，然而还没来得及签约他就差点送了命。沃尔顿他们正在“男爵”号座机里俯瞰着他们的商店，接着准备着陆，去看在密苏里州迦太基的第12号商店。在迦太基有两条交叉的跑道，就在他们准备在其中的一条跑道上降落时，猛然间看到在另一条跑道上有一驾飞机，正在快速滑向交叉处，正对着它直冲而去。这时候的沃尔顿既没看到也没听到它的信号，真不知它是从哪里冒出来的。沃尔顿只好开足了马力，再重新将飞机拉起来，刚好从那架飞机上面擦过，在空中绕了一圈才着陆。这是罗恩第一次与沃尔顿一块飞行，真不知道他会怎么想。

1968年罗恩加入沃尔玛公司，当了主管财务和分销方面的副总裁。虽然这会让某些人惊讶，但罗恩在公司的这段时间，即从1968年到1976年（后来因他们俩之间产生了相当的不快，他便离开了）是沃尔玛公司发展史上最重要的时期。在罗恩加入以前沃尔玛的状况也很不错。但是他到任之后，又引荐了一个名叫罗伊斯·钱伯斯的进入公司，这个人是沃尔玛第一任信息部经理，为公司建立了第一个高级的管理系统。这些系统是沃尔玛公司先进管理方法的开端，这种方法使得他们即使在飞速发展时也能和商店保持真正紧密的联系。于他们被迫在分销和通讯方面尽量赶在时间前面，因为沃尔玛的一些分店坐落在偏僻的小镇上，得跟它们保持供给和联系。罗恩开发了一套程序来有效地提高内部沟通的效率。在此之前，费罗尔德·阿伦已打下了基础。罗恩接手分销工作后，就开始设计并建立了一个能快速增长、回收迅速的分销系统。罗恩是使他们摆脱旧的货运方法的主要力量。原来各个分店必须直接向制造商订货，再由制造商将货运送到各个分店。罗恩把沃尔玛公司引上了新的道路。比如“商品组合”概念，那就是由总公司统筹订货，再由分销中心将各分店的订货组合起来，并且做到“出入分离”，仓库的进货与出货分别在仓库的两边。

※ 074 沃尔玛公司发展迅速

自从罗恩·迈耶加入后，沃尔玛公司在精密设备和先进技术上的投资就超过了其他零售商。好笑的是，每个沃尔玛公司的人都知道，沃尔顿不愿意花钱投资这些技术，他们总是说沃尔顿是如何排斥这些技术，以及他们是怎样竭尽全力说服他的。事实上，沃尔顿确实想要引进这些技术，也知道公司需要它，但他却不能就这么说：“好，可以，你们该花多少钱就花多少钱吧。”沃尔顿对任何事总爱提出疑问，让他们细致评估是很重要的。也许那技术并没有他们所想象的那么好，或者并不能完全实现他们许诺的功效。如果他们想证明沃尔顿是错的，那他们就必须更细致地检查和更努力地去研究。如果沃尔顿真不想要那技术的话，那他就不会轻易地把钱抛在上面了。

到60年代末期，沃尔玛成长的速度实在非常之快，业务有了明显的发展。沃尔玛公司有自己坚信的零售信念：以专业化的管理队伍为核心，以能支持公司持续发展的分销系统为基础。到1968年，已经有了14家杂货店以及13家沃尔玛百货店。到1969年又增加了5家沃尔玛百货店。而且还要不断地扩张下去。沃尔顿无法控制自己，总想知道自己到底能走多远。他经常想，当他们获利能力降低时，或许就会停止发展。

※ 075 萌发股票上市念想

当沃尔玛公司迅速发展的时候，沃尔顿和巴德在暗中开始考虑是否要让公司股票上市。

自从沃尔顿第一次向银行贷了1800美元，为纽波特的本·富兰克曰林商店购买冰淇淋机起，他对债务便一直感到忐忑不安。但他也承认要做生意，总是要向银行贷款，而且他也精于此道。有一阵子，沃尔顿常来到地方银行，为开新店或添置设备事贷款。随便哪家银行都乐意为他贷款。而他在阿肯色州和密苏里州南部每家银行都贷了款。但是他们相信沃尔顿的经营能力，相信他会还清贷款。他也总是按时还清贷款。不过，有时沃尔顿会从一家银行借钱去还给另一家。他曾用30万美元买下了本顿维尔市的一所小银行，该行仅有大约350万美元的存款。这对沃尔顿学习许多融资方面的知识极有帮助。为此也结交了不少银行界的新朋友，并开始更多地研究银行家以及他们做生意的方式。沃尔顿同达拉斯共和银行的吉米·琼斯交情很好，他曾贷给沃尔顿100万美元。当然，沃尔顿也试图从商店经理和亲戚那里吸收投资。所以，到1970年已有78名合作者投资于他们公司。事实上，这已不像是一家公司，而是由32家商店组成，由许多不同的人所共同拥有。但沃尔顿家拥有每个商店的绝对多数的份额，为此，沃尔顿和海伦可说是浑身是债，数目高达数百万美元。尽管负债尚未超过沃尔顿的资产，但债务沉重地压在他心头上。他常常假设，万一发生意外，投资人就会设法抽走他们的资金，那样的话就完了。沃尔顿曾谈到过关于公司发行股票的想法，并从阿贝·马克斯及其他一些零售商协会的同行们那里征求过意见，但他还从未认真采取过行动。

1969年的一天，沃尔顿接到迈克·史密斯的电话，他说想来跟沃尔顿谈谈。迈克在小石城为威特和杰克·史蒂芬斯工作，现在史蒂芬斯公司是密苏里州西部最大的投资银行，它在全国信誉卓著。但在当时，它充其量也只是一家证券商。杰克就是那个在沃尔顿开发小石城购物中心失败后接手的，并取得成功的家伙。迈克·史密斯驱车前来本顿维尔，他们当时还呆在广场的理发店和律师事务所上面办公。沃尔顿还记得迈克爬上楼梯的样子。他有很多独特的见解。在他们的那次谈话中，他在沃尔顿心中种下了日后沃尔玛公司股票上市的种子。

※ 076 进退两难

沃尔顿非常渴望了解股票上市的详细情况，因为他的负债几乎已经饱和。沃尔顿从小石城到本顿维尔的一路上，每次经过一家沃尔玛商店，他都停下来看看，了解了不少情况。打那不久，沃尔顿和巴德到奥克拉何马的罗伯逊牧场打鹌鹑。成绩的确不错。那几天的大部分时间他们俩都在谈如何抉择，希望扩大生意规模，但也意识到，他们无法创造足够的利润，既可扩大生意规模，又可以还债。事实上，由于资金短缺，他们已不得不放弃计划投资的五块地方，因此，是该采取行动的时候了。

在驱车回家的路上，沃尔顿和巴德一致同意要认真考虑股票上市的事情。这对他们是关键性的一步，但是他们同样很担心股票上市后会失去对公司的控制。沃尔顿长子罗布已于前年从哥伦比亚大学法律学院毕业，到塔尔萨最大的一家法律事务所工作，然而沃尔顿家族就成了他执业后的第一个客户。作为自己家的律师，他的首要任务就是详细了解沃尔玛各店的合作伙伴之间的协议，并研究各种他们可以有的选择。对公司股票能否顺利上市沃尔顿他们仍旧没有把握。同时，手头紧，一些债主向他们施压。

沃尔顿飞到达拉斯，试图向共和国银行再借些钱，他们的官员就对沃尔顿尚未结清的债务紧张起来，因此当场拒绝了他的要求，这样，他们之间就中断了往来。那时，吉米·琼斯转到新奥尔良的第一商业银行工作，沃尔顿就从达拉斯直飞新奥尔良，去看看他是否能帮助自己。吉米给了沃尔顿150万美元的贷款，这虽有助于他们摆脱暂时的困境，但并不能解决长远的问题。由于各种各样的原因，包括纳税，罗布建议重新整理他们的债务，把分散的贷款合并成一笔大的贷款。罗恩·迈耶和沃尔顿听说谨慎保险公司向许多零售商贷款，于是就飞到纽约准备与该公司的一位官员会谈。

沃尔玛公司的确需要钱，于是沃尔顿就去了谨慎保险公司，去前他在便笺上记下了预计所需的金额，确信他们一定会贷款。沃尔顿向负责贷款的官员介绍他的五年计划：包括销售额、利润、分店的数量以及他们的发展策略，指出在一些小镇里既无竞争，又大有商业潜力，正有待于他们去开发。但是很不幸的是他不吃这一套，并说像谨慎保险那样的公司，是不敢冒那么大风险参与沃尔玛公司的赌博。这些计划沃尔顿保存很久，而且后来的发展成果也要比当时预计的高出15%~20%。

沃尔玛公司和另一家名叫“大众互利”（MassMutual）的保险公司也有来往，所以就顺道拜访了一下。他们答应借给沃尔顿100万美元。作为回报，但是必须接受他们苛刻的条件，不但利息照付，而且当沃尔玛公司的股票上市时，他们有对各种股票的认购权。显然，他们是乘人之危，但沃尔顿别无选择，因为实在需要资金。当沃尔玛的股票上市后，他们从中获益达上千万之多。

※ 077 寻找承销商

那时候，沃尔顿对欠熟人的钱感到厌烦，而向陌生人借钱使他更感厌恶。因此决心让沃尔玛公司股票上市。沃尔顿同时让迈克·史密斯和杰克·史蒂芬斯知道自己有意让股票上市，希望他们知道这里也存在着竞争，就像沃尔顿总是让其他人感受到他的竞争一样。他同样也放出风声，说他对小石城证券公司的兴趣不大，而希望将股票上市事宜委托给一个华尔街的大承销商。这样做是对是错沃尔顿不知道，总之这使迈克和杰克均颇感不悦，接着他就跑到纽约去寻找适当的承销商了。

沃尔顿趁去纽约采购之便，决定走一趟华尔街，听听那里人的意见。他听说怀特·韦尔德公司曾替奥马哈一家叫帕米达（Pamida）的零售连锁店上市过股票，于是就去拜访他们。他向该公司的接待员作了自我介绍，是沃尔玛百货店的萨姆·沃尔顿——这是他习惯性的自我介绍方法——他说："我想找人谈谈有关公司股票上市的问题。"她说："啊，是吗？你从哪儿来？"当他说从阿肯色州的本顿维尔来时，她说："好吧，我们这儿有位雷梅尔先生也是阿肯色州人，他也许能帮助你。"于是就把他介绍给来自小石城的巴克·雷梅尔。

沃尔顿不大记得自己是怎样认识巴克的，巴克倒记得。沃尔顿只记得向他作了自我介绍，又问了他一个问题："你们对承揽我公司股票上市事宜有多少兴趣？"他说得研究一下。果然，他答应承揽。沃尔顿至今仍认为怀特·韦尔德公司承揽是股票上市成功的一大关键，因为它是当时数一数二的投资银行。虽然不是每一个在这儿的人都同意自己的意见，但沃尔顿坚持自己的观点。

※ 078 计划赶不上变化

恰好在那时，沃尔顿认定怀特·韦尔德公司比他们更熟悉股票上市的事，所以就让他们接下了这笔生意。但又告诉他们"希望史蒂芬斯的人也能承销一部分股票，因为他们是老朋友"，怀特·韦尔德问他们是否想承销其中的1/3，而他们做2/3。为此沃尔顿和杰克商量，问起对沃尔玛的看法，沃尔顿说应该做，于是就承揽了1/3。后来，在另一次承销中，他们与怀特·韦尔德各分了50％的生意。于是，罗布开始着手于这项计划，将公司原来的所有合伙人全纳入公司的名下，然后剩下的20％股份公开上市。沃尔顿家大约拥有75％股权，其中巴德

15%左右，另一些亲戚拥有一小部份。查利·鲍姆、威拉德·沃克、查利·凯特、克劳德·哈里斯各占了一些股份。威拉德是搞钱方面的行家，他结交了那些开银行的朋友，所以贷款相当容易，因而他的回报相当可观，拥有比其他经理更多的股份。

沃尔顿有一张详细的表格，上面记着所有分店小额股东的名单。问题是应根据什么基础来计算出他们最初投入的价值。沃尔玛公司基本上是根据账面金额，而没有对每家分店做任何复杂的、相关的评估，即既考虑获利能力，又考虑未来发展的潜力。结果每个股东都爽快地在契约上签了名，现在每个人都很高兴当初明智的决定。

1970年初一切准备妥当。罗恩·迈那和罗布费尽力气到各地去促销他们即将上市的股票，包括洛杉矶、旧金山和芝加哥等地，告诉人们沃尔玛公司的前途不可限量。但就在他们的股票发行前，股市跌落了。于是他们不得不推迟发行计划。那些天，他们召开了不寻常的经理会议，他们一起去钓鱼，当然醉翁之意不在酒，主要是专心讨论公事。一去就是四、五天，不带家眷。其中有一次是到泰布尔罗克水坝，沃尔顿不得不告诉大家，股票暂缓上市的事。但是后来又恢复了股票的发行。

※ 079 股票正式上市

1970年10月1日，沃尔玛公司的股票正式上市。他们在上市说明书上记载发行30万股，每股15美元，溢价发行每股16.5美元。虽然买的人不太多，但是市场反应良好。只有800名买者，其中大多数是投资机构和一些的熟人。在那次公开发行中买进股票的人，或是原先有合伙股份并在那次上市时转换为股票的人，现在都发了。

众所周知，沃尔玛股票的表现以及它所创造的财富，本身就是一篇精彩的故事。在15年前，沃尔玛公司的市场价值大约是1.35亿美元，而现在的价值已超过500亿美元。还有一个更简单的算法可说明两者的差别：假如在原始发行中买了100股，共花了1650美元，再经过这些年来的九次一股配一股，现在你已拥有5.12万股。目前每股的市价大约是60美元，所以，股票总价值大约是300万美元。显然，沃尔玛公司的股票已让投资者兴高采烈，原因既明确又简单。沃尔顿家族的财富就是这样创造出来的，它的盈利超出了沃尔顿家族的想象。下表说明了那100股在这些年的增值过程：股数100％配股配股日的市场价格100200

1971年5月346/47场外交易市400，

1972年3月46/47场外交易800，

1975年8月23纽约证券交易所1600。

1980年11月50纽约证券交易所3200。

1982年6月497/8纽约证券交易所6400。

1983年6月815/8纽约证券交易所12800。

1985年9月493/4纽约证券交易所25600

1987年6月665/8纽约证券交易所51200

1990年6月621/2纽约证券交易所关于那次发行还有一个有趣的插曲。当罗恩和沃尔顿正要离开纽约时，在机场碰到一个在巴尔的摩市一家T.罗普赖斯信贷公司任职的人。他们那副自信的样子，使他相信他们股票上市非常成功。于是他返回巴尔的摩之后，为他的公司大量地买进了沃尔玛公司的股票。存放10到15年后，这些股票成了他们的财星。如果不断的配股，他们就有卖不完的股票。沃尔顿也难以弄清他们在沃尔玛股票上究竟赚了多少。

※ 080 债务迎刃而解

海伦·沃尔顿：在沃尔玛公司的股票公开发行前，海伦曾反对过。如果沃尔顿有什么事让海伦不高兴的话，那就是海伦不喜欢公司公开发行股票。没有什么事比股票上市对海伦影响更大，以至于她下定决心在公司之外寻找新的兴趣。她就是不愿意将他们的财政状况公开出去，让每个人都知道。当公司股份上市以后，人们有权过问各种各样的问题，整个家庭的隐私全被破坏，实在让人无法接受。当然，海伦对于公司股份化后产生的不利后果的估计是对的。它的确给他们带来了许多不必要的麻烦。那天从纽约回来当知道之前所有的债务都已偿清，海伦顿时觉得无限欣慰。

从那天起，沃尔顿家族虽然只拥有61％的沃尔玛公司股份，但他们已偿清了所有贷款，并从此以后，再也不必向银行借钱来维持沃尔玛公司了。公司能自我发展并自己解决资金问题。公开发行股票后，虽然公司发展速度减慢，但沃尔顿心头的一块大石终于落了地。后来又公开发行了一次，目的是为了增资及扩大流通的范围，使沃尔玛公司的股票能在纽约股票交易所进行交易。但在这次增资发行中，作为一个家族他们只卖出了一小部分股票。沃尔顿认为出售家族的股票会造成家族的分裂，因为那些股票是沃尔顿家族财富的主要来源，所以那些股票他们一直持有，不轻易出售。也许有人会说，商场上竞争太过劳神，不想继续劳神下去，不如坐收股利、安享天年，况且总有一天要退休，不再过问公司的事，倒不如干脆把股权卖给那些荷兰投资人、或者卖给凯马特、或者卖给联盟商店等其他公司。但沃尔顿天生乐于做他正在做的事情，乐于看到事业的发展，看到他们合作者及合伙人的成就，他决不停止工作。

※ 081 初次提议召开股东大会

有件事很有趣，刚开始时除了在本公司工作的人以外，在阿肯色州西北部很少有人对沃尔玛公司的股票感兴趣。沃尔顿总有一种感觉，那就是这里的人，只记得他拥有一家或几家商店、当过扶轮社社长、钱伯斯商会总裁的经历，他们多少认为沃尔顿只是按原来的模式反复扩张，认为他的成功只是运气好而已，但运气并不见得能持久。沃尔顿认为，人家这么看他也不足为奇。这就是人性——当一个人成功以后，他周围的人往往是最不愿意接受这一事实的人。像其他公司一样，沃尔玛公司也想保持股价的持续上涨，并且尽力吸引投资，所以他们早期的所做所为往往也是非正统的。大多数股份公司每年都召开股东大会，有些公司还专门为华尔街的股票分析专家们举行研讨会，会上还报告公司的发展状况，试图赢得他们对公司股票的支持和信心。迈克·史密斯是一个外来的极富想象力和别出心裁的家伙，在沃尔玛公司进入股市之后，迈克向沃尔顿建议应把召开年会炒成一桩轰轰烈烈的大事。这个建议被采纳了。

大多数股东会议是在大城市的一些宾馆舞厅里举行的，会一般开得迅速，正式的程序是宣读会议记录，通过股东的提案。有许多公司，故意将股东会议选在像特拉华州的威尔明顿这类地方召开，一则是公司所在地在那里，名正言顺；二来地处偏远，不会有太多股东出席。但是沃尔顿的做法正好相反，为了鼓励股东参加，沃尔顿决定将会议定为周末，并尽量邀请各地股东参加，不管是远在纽约、芝加哥或其他什么地方，虽然来回费用自理，但是必须给这些远距离的人提供足够的时间。

※ 082 沃尔玛的股东大会

对于麦克来说他永世忘不了沃尔玛公司上市后的第一次股东大会。为帮助做好开会的准备工作，他提前一天到达，但沃尔顿的一个来自纽波特的朋友弗莱德·皮肯斯记错了开会的日期，也提前一天到达。所以沃尔顿决定就在他的办公室先为弗莱德先生单独召开一次股东会。第二天，就在仓库附近的一家咖啡厅里，他们六人围在桌旁，正式的股东大会就这样开始了。

第二年，在麦克的建议说：“萨姆先生，我们现在是股东公司了，得开一个真正像样的年会，并尽量多邀请一些人参加。让我们在小石城开会吧，那是阿肯色州的首府，你又来自阿肯色州。人们到那里去开会比到本顿维尔容易得多了。”沃尔顿虽然不太喜欢这个建议，但还是同意了。于是，他们在小石城的马车夫旅馆召开了第二次年会，但被邀请的人一个也没来参加。沃尔顿对麦克说：“麦克，这就是你的建议。”当时麦克感到非常失望。

后来，又产生了在周末请他们到贝亚维斯塔来的想法，那是在本顿维尔以北的一个已开发的山区，有许多高尔夫球场、网球场及湖泊。麦克提出这个建议时，沃尔顿说：“看来要破费了。”但他还是决定试一试。这的确被证明是个好主意，果然有很多人来参加会议。届时沃尔顿选派公司里的经理去机场迎接，并安排了周末的活动。希望这些来自不同城市的投资者，其中还有许多给沃尔玛公司提供贷款的银行家们，亲眼看看他们做的一切以及怎样做到目前这个地步的第一手资料。沃尔顿希望能结识各部门的经理和了解他们公司的经营原则。了解他们的诚实、奉献和工作道德。正是这些使沃尔玛战胜了竞争对手，而在纽约，他们不可能了解到所有这些。沃尔顿他们的做法与大多零售商的做法大异其趣。股东大会安排在星期五，晚上则举行盛大的营火野餐。记得那天一位太太穿着件睡衣赴宴，举座皆惊。星期六一早，沃尔玛公司的相关人员就举行情况通报会议，这些人听取他们关于商品、财政和分配情况的报告，以及当时公司的运转情况。

※ 083 会议糗事

在刚开始时，股东会议根本不像现在这样的规模空前，热闹非凡。两者没法相比。那时，星期六会议结束后，沃尔玛公司安排了一些特别的活动。有一年是高尔夫球赛，还有一年是去布尔肖尔斯湖钓鱼，又有一次是让大家泛舟舒格河上，一些北方佬喝得酩酊大醉，还跟着大伙泛舟，差点溺水淹死。不少人酒后失态，所以，以后再开股东大会，沃尔顿便取消了酒类供应，当然，从那以后，股东们开会时再也没有喝过酒。

沃尔顿记得，最糟糕的一次活动是在舒格河岸边的帐篷中野营过夜。那真是一次大失败。现在回想起来，他们中有一群来自大城市的投资分析家们，当野狼在深夜哀嚎、猫头鹰咕咕低鸣时，有半数左右的人整夜困守在篝火旁，根本不敢入睡。直到后来沃尔顿他们才认识到，露营不是一个好主意，因为很多人不习惯于在岩石上野营、在睡袋中睡觉。

沃尔顿认为他们确实玩得太过分了，即使没有什么其他成果，他们的会议也的确成了华尔街证券商们的话题，虽然意见未必都好，但是那些留心的人都可以看到，他们是可以长期合作的，是认认真真的实干家有严格的财务原则，并且日趋成熟。他们也知道了我们情趣浓厚，虽然有些人会认为有些疯野。这些会议仅仅是一个例子，说明了沃尔玛在上市初期就比其他公司更加努力地设法让华尔街来认识自己，理解自己、或许是因为沃尔顿的经营方式与他人不同，也可能是因为他们与纽约太隔离了，总之，沃尔顿在华尔街游说时，曾遇到过各种人，有些分析家诚心诚意祝福、赞他们；而另一些人则一直认为沃尔玛公司是建在沙滩上的，随时都可能会垮掉。

※ 084 赢得投资者的信赖

沃尔玛公司有一个最忠诚的伙伴名叫玛吉·吉利姆，她是“波士顿第一证券公司”（FirstBoston）的分析师，她为客户投资大笔资金在沃尔玛公司的股票上，不是投机炒作，而是由于信任而长期支持，并使她的客户获益匪浅。

在70年代中期，沃尔顿记得有一次有另一位分析师来到这里，她的来访让沃尔顿终身难忘。那时，他刚从外面打猎回来，衣服都没换，就与她一块去吃饭，作陪的还有沃尔顿的儿子吉姆，他当时担任房地产部门的经理。他也是个不修边幅的人，总是相当邋遢。沃尔顿带她出去，彼此坦诚相见。沃尔顿对她说了当时公司的弱点以及面临的问题，但也向她解释了他们的经营思想，希望她能了解沃尔玛公司的发展潜力。她回去之后写了一篇在沃尔顿看来最为暗淡的报告，给人的印象是：如果你还有没抛掉的沃尔玛公司的股票，现在也许已太迟了。

在过去的十多年里，大多数支持沃尔玛公司的分析师们，尽管暂时由于某些原因会变更投资，但绝大部分是坚定不移地支持他们的，或多或少总是站在自己这一边的。沃尔顿不赞同过深地去研究投资理论，除了投资沃尔玛公司以外，没有投资任何其他事业，这使大多数人甚感意外。沃尔顿相信那些长期支持沃尔玛股票的人，一定是研究了公司状况及其历史的人，他们深知沃尔玛公司的实力和管理方法，而且和沃尔顿一样，决心对沃尔玛作长期投资。

沃尔玛公司有一批来自苏格兰的长期投资者，他们坚持对公司的投资胜过任何其他人。回顾沃尔玛创业之初，史蒂芬斯公司的人曾带他们到伦敦促销公司股票，在那儿沃尔玛的公司引起了他们的兴趣，他们说，他们相信长期投资。只要他们对公司的基本情况感觉良好，对公司的管理充满信心，他们就不会像一些投资基金会那样买卖公司股票。这些人真是沃尔顿的知音。几年后，沃尔顿去爱丁堡拜访了他们，果然他们把资金投入了沃尔玛公司。同样在加州也有一个类似这样的股东。在法国也有一个投资者——皮埃尔，他也是沃尔玛公司忠实的支持者。那年在舒格河泛舟时也差点淹死，沃尔顿真怕失掉这样好的一位投资人。但自此之后，皮埃尔就开始购买沃尔玛公司的股票，并极力向他的法国的基金会同业推荐。他大约连续15年保持沃尔玛的股票，并从中获益颇丰。沃尔玛的长期投资者个个笑逐颜开，因为这是全美股票投资回报率最高的企业之一。从1977年到1987年，股东平均每年投资回报率达46%，即使在1991年经济不景气的时期他们的回报率也达32%之多。

※ 085 重新考虑公司发展战略

沃尔顿认为，对任何一位想致力于经营一家如此规模的大公司的总经理而言，最感困惑的问题是有些融资公司的经理们老是故意搞乱投资人的意向。比如，沃尔玛的股价升到40美元或42美元，他们就会放风劝大家趁高卖出，说什么已经涨到不合情理的价位了等等。沃尔顿觉得那种说法毫无道理。只要他们努力经营，关心职员和客户，打好基础，就成功在握了。当然，只有观察敏锐的人才能判断好这些基本要素。如果我是沃尔玛的股东，或打算投资沃尔玛公司，我会走进十家沃尔玛的商店，问问店员："你觉得要不要投资沃尔玛？公司给你的待遇如何？"他们的回答一定是极有价值的参考标准。

就这同一问题，沃尔顿也经常被问及，如果要使股票热门，是否会被迫改变经营方式，比较重视短期效益而忽略了长期的战略打算。沃尔顿觉得两者同样重视。当你每年要开150家新商店时，不少规划必然会带有短期性。但是，为了保持这样一种增长速度，他们必然还要考虑五年以后的长期规划。股市的压力迫使他们重视长期规划，考虑经营的连贯性，一年又一年，不仅指利润，也指销售额、毛利及其他事宜。

沃尔顿从不为那些事而过分烦恼，过去沃尔玛公司的股票也有过剧烈的波动，有时零售业成为投资热点，于是股价急骤上升；有时一些人写文章说，沃尔玛的经营策略有误，于是股价又突然下跌。

1981年，当沃尔玛公司买下库恩的大K连销店时——他们首次跨入密西西比河东部地区，一些报告说沃尔玛公司的扩张已超出了他们的能力范围，他们是没办法扩展到亚特兰大或新奥尔良。另外还有报告预测，如果扩展到圣路易斯或到别的什么地方，只要一碰到真正的竞争对手，届时就不再可能像现在那样创造利润。

自从进入股市以来，就有人预言过沃尔玛公司将要垮台。只要有一个大机构投资人看中了任何一篇那样的报道，并且信以为真，于是抛售100万股或50万股，自然就会造成股价的波动。就在几年以前，一些零售业分析师担心沃尔玛公司的规模越来越大，将不能保持每年20％的增长率。沃尔顿说，他会为每年20％的增长率高兴得不得了。如果他们每年的销售额为250亿美元，20％就是50亿美元，它大大超过了别的零售商。但是，这些人却认为50亿美元的年增长率对沃尔玛公司来说是个灾难。此外，再看看零售业的总体情况，你就会发现如果能维持两位数的增长，那就算是英雄好汉了。而沃尔玛公司却做到了。如果他们做到了每年20％的增长率，那将会是全国的头条新闻，那将是一个了不起的经济指标。问题是，尽管那些分析家都有自己的一套分析逻辑，并推论20％的增长率对沃尔玛公司来说是个灾难。但他们没有看到，在经济衰退之际，在别人都受到了不小打击的情况下，沃尔玛凭藉其雄厚基础，保持着稳定的增长，这可是一项了不起的成就。

※ 086 “站得高看得远”

当公司规模越来越大，随着投资者的增多，坐飞机去底特律、芝加哥或纽约，游说那些银行家和股东，这种感觉并不像想的那么美。好在沃尔玛公司的股票在开始时就上升，于是沃尔顿觉得把更多时间用在好好管理公司内部事务上，而不必卑躬屈膝地向外促销求售公司的股票。沃尔顿不认为在纽约或波士顿的什么公共关系专家或演讲解说会对股价的上升起长期的作用，真正起作用的是你的经营业绩。当然沃尔顿还是愿意让华尔街了解公司的动向和情况的。事实上，在最近几年里，考虑到对股东们负责，美国股东协会评选沃尔玛公司为美国头号上市公司。

这几年来，真正使沃尔顿担心的不是股票的价格，而是沃尔玛公司将来有一天可能会满足不了顾客的要求，或是他们的经理不能激发自己，不能照顾好同仁的权益。沃尔顿同样也担心公司成长后他们会丢掉团队精神及家庭手足的观念。这些担心也是挑战，比起某些说他们走错了路的评论和报告来讲，这些挑战显得更为真实、更为危险。作为商业机构的领导者，沃尔顿绝不满足于那些零售业分析师或纽约的财务机构为他们设下的各种目标。如果那样做了，他们就有眼无珠。如果他们能在每天、每周、每月的销售收入中作出示范，使他们的利润有良好表现，那沃尔玛公司的股票在市场上也会攀升，就能实现他们所追求的发展。那时沃尔玛的同仁及顾客——很多也是股东——将得到更好的服务。如果沃尔玛公司在未来十年中始终如一地这样做的话，不管增长率是15%、20%还是25%都无关紧要。如果他们对这些意见全部言听计从，沃尔顿想他们最初也就不可能踏进折价行业了。

※ 087 闯出新路

沃尔玛公司现在已经不欠任何外债了，可以正正经经地实施战略计划了。那就是在别人忽略的小城镇开设大型的折价店。在那个时代，凯马特百货是不会到5万人口以下的小镇去开店的，就是吉布森百货开店的标准也要有10000到12000人口以上的城镇。而沃尔顿的信条是，即便是少于5000人的小镇他们也照开不误，因此扩展的机会很多。如果人们想用几句话归纳他们的成功秘诀，他们常常会这样说："哦，他们总是在无人知晓之前便捷足先登小镇市场。"很久以前，很多零售业的同行都把他们描绘成一群偶发奇想而进军小镇的乡巴佬。或许，这确是个偶然，但若不是掌握适当的方式，这个计划也不一定能实现。沃尔顿的方式是先向外抢占据点，再向内填满，最后全面占领市场。在折价售货刚兴起的年头，有很多具有分销系统的全国性的大公司——如凯马特——都是以建立全国性的连锁网络而屹立于市场，当然，沃尔玛没有能力那么干。当这些零售业的大公司从一个大城市发展到另一个大城市时，他们变得太过于分散，并且陷入了不动产、分区规划和地方政治的漩涡之中，反而把大城市以外的大好机会拱手让给了对手。于是沃尔玛公司的发展战略就这样应运而生，他们确实在很早就认识到这一点。沃尔玛开店的原则是必须有分销中心，或叫仓库，可以照顾到有关的分店，而总公司也要确实能掌握每家分店的运转情况。每家分店与仓库之间的距离不能超过一天的车程，这样商品的供应和补充才不会发生问题，也随时都可以到那里去提供必要的照料和支援。他们就是这样，以州为单位，一县接一县地去填满，直到整个州的市场饱和之后才向另外一个州继续发展。

沃尔玛公司在阿肯色州西部的市场饱和后，便转向了俄克拉何马州，然后再是密苏里州。他们一个地区一个地区地依次开发。有时，也会跳跃式地开发，例如，当在路易斯安那州的拉斯顿开设了第23家分店时，他们发现在本顿维尔与拉斯顿之间的南阿肯色尚无分店，于是就回过头来在南阿肯色设了点。在那些日子里，沃尔顿还顾不上考虑未来，只知道这种扩张方式还是顶有效的，于是就一直坚持下去，从阿肯色州、田纳西州，一路扩展到堪萨斯州和内布拉斯加州——一直扩张到任何他们想去的地方。但要扩展到大城市去，的确要经过缜密的考虑。沃尔顿并不打算真正往大城市里发展，他们的做法是在大城市周围一定距离内先发展分店，静候城市向外发展。这个策略在实际使用中被证明十分管用。最早在塔尔萨施行，首先在布罗肯阿罗和桑德斯普林斯设点。接着，在密苏里边上的沃伦斯堡、贝尔顿、格兰德维尤，在堪萨斯的周围邦纳斯普林斯和莱文沃思以及在达拉斯他们也如法炮制。

※ 088 道路越走越宽

这种渗透战略除了有利于分销和控制外，还有其他各种好处。从一开始，在广告上就没有花太多的财力，而渗透战略也在小镇上开店，人们最初只是驱车经过接着开始认得他们的商店，最后便成为沃尔玛分店的顾客。令沃尔顿惊奇的是这种策略十分有效。在佛罗里达州，他们结交了许多来自北方的新朋友，他们冬天里到佛罗里达避寒，无意中成了沃尔玛的顾客，接着便迫不及待地希望沃尔顿把店开到北部去。

沃尔顿不时收到从北方寄来的信，要求他们前去开店，因为他们回北方后仍非常想念沃尔顿他们。在里奥格兰德瓦利也同样。在南、北达科他州以及明尼苏达州的农户都到那儿去避寒，于是认识了沃尔顿他们。他们已经有了一些熟客了，这为沃尔玛进入新地区打下了坚实的基础，为了让沃尔玛公司不断地渗透发展，还须作出很大的努力，才能在那些地区里充分占领市场。

毫无疑问，要是沃尔顿没有那架飞机，所有这些事是不可能做成功的。沃尔顿买第一架飞机，就是为了穿梭于各店铺之间，及时了解各分店里业务的进展。一旦他们的分店越开越多之后，飞机变成了勘察新店开设地点的最好工具。从空中勘察地势，他们大约比别的零售商早了十年，从中也找到了许多理想、合适的地点。从空中可以看出交通流向，城市和乡镇发展趋向，还可以评估不同地区的竞争情况。然后，根据这些搜集到的情况再拟定出自己的房地产开发策略。

沃尔顿喜欢亲自勘察地形，让他的飞机飞得低低的，径直掠过一个镇子，接着再飞下一个镇子。一旦找到一个合适地点，便着陆，查出地产主人，并马上同他洽谈土地买卖事宜。这也是沃尔顿不喜欢喷气机的原因，在那种飞机上，你不能飞得很低去辨认地上的详细情况。沃尔玛最初的100多家分店的地址就是由沃尔顿和巴德经飞行勘察后选出来的。沃尔顿为自己的驾机技术和得到的结果而感到自豪。沃尔顿可以担保，不会有很多的零售业主会像他一样驾机勘察可能的发展格局，但这种方式对他们来说确实非常有效。前四五百家分店的开设，他们都保持了这一传统，即若不亲自架机勘察，决不轻易签下土地买卖的交易。良好的地段和较低的地价，是开店成功的关键。在这一方面，沃尔顿的家族成员总是直接参与的。吉姆负责过一段时间，罗布时至今日，还亲自参与土地勘察和土地会议。一旦寻找到了一个好地方，就立即买下来设店在亲自动手进行装潢，直到现在，仍在做这方面的工作。像阿尔·迈尔斯至少做过100家左右的新店筹备工作，参与过300多次新店开设计划的拟定工作、组织好货源，陈列货架，筹划广告等，更不用说雇佣和培训员工了。时至今日，仍有许多各种各样的事情留在沃尔顿的记忆里。记得有一次，他不准备为住汽车旅馆而浪费钱，于是他和其他人就全部睡在一个朋友家中的地板上，好在他的房子尚未配上家具。

※ 089 热衷于飞行的沃尔顿

费罗尔德·阿伦在早期的沃尔玛公司里卓尔不群，与沃尔顿不同的是他做事极有条理，而沃尔顿总说这是由于他具有德国血统的缘故。他是那样一种人，如果他有一系列事情要做，他会把它们一一记在纸上，然后有条不紊地去做。他总爱杀回马枪，来反复检查自己交办过的事是否落实。沃尔顿则不按计划行事，总爱随心所欲。

一旦准备就绪，沃尔顿就得住在一个城市或商店，非得如此，他不愿浪费时间去等其他的人，这可能就是他总不能真正地与飞行员相处良好的原因。好像每当沃尔顿准备出发的时候，他们总是还未准备好。但无论如何，但是有一点沃尔顿酷爱飞行。在天空中摸索着前进，是一种挑战。判断天气变化，操作飞机上的各种机械，独立做这一切事情。除此之外，他特别欣赏自已可以随心所欲，想哪儿就去哪儿，想什么时候动身，便立刻就走。沃尔顿也喜欢去看别人的操作情况，而公司的驾驶员又总不能老是在天上飞。所以，他对公司里的飞行员说，他想到了一个好主意。说："小伙子们，如果你们希望享受驾驶飞机的乐趣，我建议你们在没有飞行任务的时候，多花点时间去查查我们的百货商店里存货的情况。"沃尔顿对这个主意颇为得意。他们需要学习一些商业知识，他们自已在飞行中又能得到更多的乐趣。沃尔顿的建议维持了3个月左右，招来了各种非议。他听到了各种借口，比如，起飞前要去核查天气情况，平时要注意飞机的维护和保养等等。最后，沃尔顿不得不作出让步，不再坚持随心所欲、任意起降的习惯。如今，他们的飞行员花在飞机上的时间同别人呆在商店里的时间一样多。

※ 090 偶尔放开手

杰克·休梅克进入公司后，所开的第一家店是设在密苏里州的圣罗伯特的第21家沃尔玛商店。那些参与设店的人必须在土木工程结束后，让开店的一切事项就绪，然而常常事与愿违。有一次接管一家新店，停车场尚未完工，尚未铺路面，也没有划分停车道，甚至没有停车区或其他各种标志。所以，休梅克和商店的经理加里·赖因博思商量，应尽力避免在商店开张时造成混乱的局面。后来，当看到一家快餐店老板的送货车上装满了大油桶时，他们眼睛一亮。经商议，之后决定以优惠价向他供应油品，但他在开幕当天将油桶借给他们。他们把绳子和旗帜固定在桶上，拉出了一个临时停车场，那时他们就这么干。但是沃尔顿要他们把事情做好，只要能做成事，用什么办法他都无所谓。因此，他们思维活跃，做事迅速。休梅克还记得另一次新店开张的情况。经过努力，他们在阿肯色州靠近40号州际公路的莫里尔顿建了一家新店，以取代沃尔顿一直引以为荣的由原可口可乐厂改建而成的老店。休梅克的上司是费罗尔德·阿伦，他要休梅克创一次新纪录，在三周内将店开出来。他们只有两周的工作时间拼命去做，可惜未能如愿。好不容易在感恩节那天开张了，结果一塌糊涂。当沃尔顿驱车前来视察时，休梅克站在店们口恭候。他看到现场乱七八糟，但却没有露出不悦，因为他知道他们确实已经尽力了，不忍打击他们的积极性。于是沃尔顿只说：“伙计们，商店看上去还不错。”说完开车走了。

很显然，沃尔顿大部分的时间都用在视察和奔波上，了解沃尔玛公司的分店是否在做该做的事，沃尔顿给他们店所有的经理压上很重的担子，也要求他们亲自下商店检查工作。沃尔顿的工作方式是将商店的日常管理责任下放给他们，如早期的费罗尔德·阿伦和罗恩·迈耶，后来的杰克·休梅克，最后是戴维·格拉斯和唐·索德奎斯特。所以，沃尔顿的任务是挑选优秀人才，然后便赋予其最大的权限和责任。曾经有人问沃尔顿是不是一个大事小事都要参与的或爱伸手揽事的那种管理者。沃尔顿认为，作为管理者，他却更喜欢到处巡视，在巡视中他会关心大小事情。还让经理们自己决定事情，倘若他们有错，沃尔顿也会提出批评和建议。他对数字特别感兴趣，因此非常关心商店的经营报告，以及从各方面获得的信息。沃尔顿的这种管理风格多半是由他的特点和本能决定的，他既能充分施展自己的长处，又能依靠别人来弥补自己的不足。

※ 091 不受拘束的沃尔顿

沃尔顿很早就发现自己对记数有特别的天赋，他对人名或其他许多事，就不如对数字那么敏感，任何数字几乎过目不忘。所以每周六早上两三点钟，沃尔顿就来到公司，在开周六会前逐一阅读一个星期的各项统计数字。从这些统计表上他可看出每家分店的经营情况。尽管很长时间不到那家分店去了，只要略为提醒他一下，诸如经理是谁，他便可以记起他们本周的经状况和工资开销等等。沃尔顿固定每周六早上阅读一家分店的统计资料，一般每次要读3小时左右，读完这些报表之后感觉精神特别好，有时好几天都很愉快。如果有人问沃尔顿，是不是一个做事有条理的人，他会脱口而出“不”，完全不是。按部就班地做事会降低他的办事效率，对此毫无益处。他尽力去做原先自已想要做的事，去自已想要去的地方，但沃尔顿确实不大可能完全按照计划行事。他的这种工作方式或多或少已让他的两个秘书洛雷塔·博斯和贝基·埃利奥特吃尽了苦头，因为他做事总是毫无章法。

洛雷塔·博斯是沃尔顿的秘书，她说沃尔顿想到什么就去做什么——不论有无其他已计划好的事要等着做，他总是以自已想到的事先做。但每个人都有预定的计划，结果往往发生冲突，每当发生这样的事，这时沃尔顿只好召开会议进行协商。在头几年，这引起了许多尴尬的局面。博斯给他安排好了要会见的人，到时候他却完全抛在脑后。他们有两本台历，一本在博斯桌上，另一本在秘书那里，但完全徒劳，于事无补。本来秘书已经安排好从达拉斯飞来的人与他会面，可当她早上8点来到公司接待他们时，竟发现沃尔顿已于5点钟就离开了公司，没人知道他的去向。于是博斯只得对那些人说：“他走了。”秘书对沃尔顿的说：“我没办法再为你安排约会时间了。”沃尔顿却回答说：“最好不过。”他只好自已安排与别人见面的时间，但他总是约了又忘，还得由博斯来收拾残局。博斯为他工作了25年仍做不好这件事，她想别的什么人恐怕也难以办到。

沃尔顿没有其他更多的例行事。在旅行中他总是随身带一只小录音机，录下他和同事们谈话时产生的想法。他通常也随身带着那本黄色笔记本，上面记着公司要做的10至15件事，这些事常常使得他们公司的一些经理们大伤脑筋，

但这一做法也是沃尔顿对公司做出贡献的一个重要方面。

※ 092 不一样的沃尔顿

当沃尔顿一旦决定做某件事，就决不手软。他甚至会耗尽你的精力。他会提出一个想法，于是大家讨论之后可能觉得这样做为时尚早——或者根本不可能去做，好像事情已解决了。要是他确信自己的想法是对的，那么这个想法他还会反复地提出来，让手下的人反复地讨论，一个星期接着一个星期，没完没了，直到最后每个人都觉得与其和他争辩，还不如直接去做那件事要容易得多了，于是大家只好同意。

沃尔顿的一种保持工作进度的方式是每天早上很早就到办公室，即便周六不阅读报表的话也是如此。他经常凌晨4点半就已在办公室了，“一日之际在于晨”，在这段时间里，沃尔顿可以在不受干扰的情况下进行思考和计划，也可用这段时间为公司报纸《沃尔玛世界》撰写文章。

沃尔顿的一个伟大力量在于他的独创性，他只属于他自己，独立思考。因此，他从不是橡皮图章式的主管，也从不随声附和任何人或任何事。创业之初，计算机还没有普及。六年来每个周五早上，都会

有人拿着账本到沃尔顿办公室请他过目，每当浏览这些账目时，他就把它们草草地记在自己的本子上，亲自再核算一遍。他这样做并不是不相信手下的人，他只是认为自己有责任把每件事都搞对。有时，手下人算出来的数字有出入，或为各自的结论争论，就这样踏进沃尔顿的办公室，把账本往他面前一放，盼望他接受你交过去的一切，这是不可能的。

沃尔顿以善于鼓动人心而著称，他也同样善于检查别人是否按他希望的那样去做了。我们也许可以称他的管理风格为从背后来检查式的管理。人们总问沃尔顿，在他们发展的过程中，是否知道下一步会是什么样子。老实说，连沃尔顿自己也不是很清楚，但是他知道他们正在发展，而且取得了成功。对已取得的成就感到满意，并认为可以沿着这条成功之路继续发展下去。

※ 093 取得辉煌业绩

回顾当初，如果沃尔玛分店一出现失控的苗头，一些数字未能达到预定水准时，他们必须立即作出调整，以维护已建成的事业。幸好，这种不幸的事似乎从未发生过。在竞争出现以前，在那些小城镇实行折价销售的确容易。在早些时候，还没有人那样做，所以很少有人同他们竞争。折价销售对小城镇的人来说还是一个闻所未闻的新概念。当然，顾客不聋，他们住在大城市的亲朋好友会跟他们说的，他们自己也去过折价销售的地方。所以，当他们看见在自己居住的小城镇也搞起折价销售活动的时候，便趋之若鹜。沃尔顿想费罗尔德关于竞争的说法是对的——如果你只谈折价销售问题。但这是一个似是而非的论点，以致使很多人长时间地感到困惑。回溯到20年前的东部，他们总在说沃尔玛没有遇到过任何竞争，因此一旦竞争出现，他们就会措手不及。他们也许忘了沃尔玛就是从杂货店商业中起家的，而且就是来自美国地区性杂货连锁店的中心地带，并在美国各地建立了杂货连锁店。在本·富兰克林的日子里，他们同斯特林商店和TG＆Y商店和库恩的大K连锁商店，以及其他地区展开了全面竞争。所以，即便在那些小城镇，折价销售不曾遇到任何竞争，但他们对竞争并不陌生。随时留心着吉布森等诸店也会步自己的后尘，就是他们真的也变成了折价连锁店时，沃尔顿同样知道该怎么对付他们，那就是保持尽量低的成本，以维持尽可能低的价格。

对沃尔顿个人而言，公司成长的那段时间是最令人兴奋的时期。说真的，在零售业史上，还从未有过类似的事。零售业就好像是突然冒出来的，就如同是俄克拉何马州和得克萨斯州的油井一般，源源不绝。沃尔顿找了很多能人来帮助扩展沃尔玛公司的业务，但他也必须亲自参与其中：如商品交易、房地产、建筑、研究市场竞争、料理财务及账目平衡等。他们一天工作不知多少小时，对自己的事业取得长足的进步兴奋不已。沃尔顿不知道，他们是否还有时间去了解一下表格中的一些数字，这是他们在70年代取得的发展速度：年份商店家数销售额/美元：1970年32家商店，销售额达到3100万；1972年51家商店，销售额达到7800万；1974年78家商店，销售额达到1亿6800百万；1976年125商店，销售额达到3亿4千万；1978年195家商店，销售额达到6亿7800百万；1980年276家商店，销售额达到12亿。

在70年代早期，沃尔玛的一些折价业的同行，大多是彼此无竞争关系的区域性的连锁店，组成了一个合作研究群体。与他们交流了情况之后沃尔顿才发现，沃尔玛的成功实在令人叹为观止。他们只是惊异，乃至无法相信，沃尔玛竟然能够建立那么多的分店。其他同业兢兢业业，一年也只能开办三四家，最多五六家商店，而沃尔玛一年却要开50家商店。这使他们困惑不解，然而沃尔顿确实做到了，他们已处于事业的顶峰。在销售量增长的同时，利润也成倍增长，从1970年的120万美元增长到1980年的4100万美元。从理论上看，他们似乎不可能做到这一切，他们只是不断增加人手，并注意最大限度地发挥人们的力量和才智。但是在沃尔玛成长的同时也付出了痛苦的代价。

※ 094 辉煌背后的艰辛

沃尔玛分店建立之后最大的问题是人力问题——挑选优秀人才，并在短期内将他们培养出来。沃尔玛的机构相当精简，商店里绝无冗员，因此，要求他们把事做得又快又好。回顾费罗尔德·阿伦在赫斯特德商店和纽贝里商店时，若想要成为培训部经理，没有10年的工作经验根本不会加以考虑。在这里，沃尔顿也用没有实践经验的人，给他们6个月时间在实践中进行训练，如果他认为谁表现良好；具有潜力，善于经营商店和管理下属，那沃尔顿就会给他一次机会当经理助理。他会派他们去协助开设新店，然后才有机会负责经营自己的分店。

当时有一些人不看好这些人会当经理，但是沃尔顿应事实证明他们错了，如果聘用一个缺乏经验和专门技能的人，只要他诚心学习，努力工作，就能用完成任务来弥补缺陷。实践证明十次中有九次确是这样，这也是沃尔玛能快速发展成长的另一个原因。沃尔玛尽可能多地发展商品项目，并尽可能地给予各分店以必要的支援。但在70年代初，沃尔玛的分店经理们尚须独当一面，自己促销商品，自己解决运货的问题。

大多数商店一年中总要举行几次在大街上设摊促销商品的活动。在那些日子里，沃尔玛分店的人员周末在大街上卖出商品的营业额同平时在店里卖出的一多。众所周知，他们把部分停车场圈了出来，请来一个乐团助兴，进行促销活动。他们把店里有卖的一种橡皮艇放在锯木架上，在每条艇中放上同类商品。同时还挂起“橡皮艇销售”的招牌，进行趣味促销。如今人们也在大街上进行促销，但都不如他们从前干的那么好。

在70年代初期，费罗尔德·阿伦、罗恩·迈那、鲍勃·桑顿和沃尔顿都费了很大力气，设法解决向那些新增分店配给商品的问题。这些问题过去常常令沃尔顿头痛。在本顿维尔，每当经过仓库时沃尔顿就会问：“这货要运到哪家分店？”“谁订的货？”“我们是否进得太多了？”而与此同时，仓库的伙计也为货物无法及时运来而急得直喊，而沃尔玛这边却一无所知。尽管在决定购买自己的货车时，沃尔顿很担心，但还是买了两辆拖车和四个货柜车。仓库的伙计们认为需要四辆拖车和六个货柜车，但是沃尔顿认为那太过头了。所以，每当沃尔顿要去仓库时，消息便先传开了，然后他们就把闲置着的拖车和货柜车藏起来，生怕他看到了会不高兴。

沃尔玛发展得越快，在某些方面就越落在后面。最突出的问题便是分销。他们兴建仓库的速度远跟不上分店增设的需要。现在，沃尔玛的分销中心数量倒是够了，但在那时，如何将货物及时送到分店，却让经理们操够了心，以不得不租用外面那些昂贵的仓库，而且还常常满足不了需要。有时在那些仓库的周围，会有500个货柜同时集中在那里，处理起来很费时间，结果有很多货运不出去。第二天又运来了60卡车的新货，他们还得忙着卸货。分店里虽急着要货，但非得等上一个多星期才能领到预订的货。

※ 095 杰克·休梅克

在70年代中期，戴维加入公司之前，除了罗恩和费罗尔德帮沃尔顿经营这家公司之外，杰克·休梅克也是他的得力助手，他对开设新店方面功勋卓著。他一度是“克罗格超市”的经理，经营方式与现如今所谓超市不同，他们把杂货和一般商品结合起来。

一天，沃尔顿和费罗尔德打电话给杰克，说：“我们知道你在写政策指南方面颇有经验。”的确，他曾在明尼阿波利斯市为克罗格和大陆五金商店执过笔。所以沃尔顿希望杰克能到沃尔玛公司上班，为公司制订一些政策和程序。杰克说：“哦，那好，但那并不是我真正想要做的。我想要做一个生意人。”沃尔顿说：“没问题，但我们还是想先让你写那东西。你写那东西要花时多久？”凭杰克的经验，要花半年到一年，说：“90天内完成。”但是沃尔顿给出了出乎意料的回答“给你60天时间。”他从不愿等待，缺乏耐心，急于行动，正好与杰克相反，也许两人可以互补。不管怎么说，他们在59天内出版了这本360页的书。就像你以后看到的，杰克是沃尔玛公司高级领导层中最有争议的物，但他在建立公司制度方面成效突出，同时也是一位成功的商人。

作为零售业商人，在沃尔顿雇用他时，他尚不够老练，但有很大的可塑性。杰克·休梅克是沃尔顿雇用的第一批大学生中的一名，作为佐治亚技术学院的毕业生，作为一个工程师，他对系统及组织十分热爱，这正是沃尔顿所迫切需要的。直到现在，沃尔顿的身边聚集着许多人才，各有所长，可以补他的不足。由于他们的努力，公司已经开始的增长势头才得以保持。如果没有他们的鼎力相助，也许沃尔玛早在70年代就被市场淘汰了，根本无法在80年代取得如此辉煌的发展成果。尽早建立制度为分销中心的发展打下基础，并成立店铺资料处理系统，这将会为未来的成功铺平道路。

※ 096 计算机系统的进入

在从迈耶时代到休梅克早期，他们真正看到，公司制度和计算机系统进入了商店，店铺开始电脑化。以前，沃尔玛所有商店都使用老式的5号收银机，需要手工操作，工作效率很低。罗恩说服沃尔顿为各店购买胜家收银机，这是个好建议。要长期从事商业活动，没这玩意是不可想象的。唯一的问题是，该收银机经常出差错。当时只有阿尔·迈尔斯是唯一知道如何操作这种收银机的经理。所以说，迈耶的想法是好的，只是选错了机器。至于商店使用计算机，得全归功于休梅克。他们几乎从没想到要将店铺电脑化，是休梅克研究了所有材料，并说服了沃尔顿，值得称道。所以他们每年都花些钱买些新的小机器来完善自己。沃尔顿想，这些小机器的运转是沃尔玛通讯系统的开端。但是，他们大多忙于商业活动，而无暇考虑这个问题。

进入70年代后，沃尔玛已成为一个真正的有效益的零售实体，并为日后的腾飞打下了扎实的基础。奇怪的是，沃尔玛的竞争对手竟没能赶上来，也没能设法制止他们的飞速发展。不论什么时候，他们在一个城镇里设一家沃尔玛商店，顾客们就会从其他商店蜂拥而至。对手们很快就会明白，如果要同沃尔玛抗衡，就得研究和学习沃尔玛的经营方式。终于，他们大多也都转换成折价销售的形式。库恩的大K连锁店成了折价连锁店；斯特林也改成了马吉克市场折价连锁店；达克沃尔店也开始折价了。结果，这些折价连锁店的分销中心和经营系统大多已经就位，而沃尔顿他们还在纸上谈兵。所以，从表面上看他们并没有成功的把握。但是，他们的问题是，事实上他们并没有真的折价，他们很难抛弃过去自己的经营模式，他们已习惯了45%的利润，决不会轻易改变。要他们把一件卖8美元的罩衫卖到5美元是很困难的，那只有30%的利润。由于沃尔玛公司的低成本、低费用结构和低价格，他们终于打下了一片江山，结束了杂货店的时代。

※ 097 微薄的薪水

这里所创立的是比任何主义更好的东西。沃尔顿喜欢称之为“开明的消费者主义”，在这儿所有人都在群体中一起工作，而顾客最终又成为上帝。他们非常津津乐道于导致沃尔玛公司成功的所有因素——交易、分销、技术、市场饱和策略、房地产战略——但事实上这些都不是沃尔玛公司取得令人难以置信的繁荣的真正秘密。公司飞速发展的真正源泉在于他们管理者同沃尔玛公司的员工建立良好关系，所谓员工是指那些在商店和分销中心做事，以及从事运输的外部雇员，他们通常要付出艰辛的劳动，并按时计酬。他们与这些员工的关系是真正意义上的合伙关系。这是沃尔玛公司能够不断在竞争中获胜，甚至获得自己意料之外的成果的唯一原因。这种合伙关系是沃尔顿创业之初整体计划的一部分。作为一个年轻人，沃尔顿当时就希望建立一家大零售公司，其所有雇员都应享有公司的股份。沃尔顿让他们有机会参与决定公司盈利能力的许多决策。他也很希望从一开始付给沃尔玛雇员的薪金，能比其他同行都高，对他们能平等相待。但不幸的是，这并非事实。

当初，沃尔顿对雇员支付薪水的确是很吝啬的。经理们当然不在此列。从他们大量扩展分支商店开始，沃尔顿与商店经理们一直是很合作的。沃尔顿早已将这些人介绍给商店经理了，如威拉德·沃克、查利·鲍姆和查利·凯特，他们都从一开始就能分享其商店的利润。但对员工们沃尔顿的确不够大方，只按时付给他们工资，沃尔顿猜想这点儿工钱在当时仅够只够勉强糊口而已。但是在那个时代零售业就是这么个样子，尤其是独立的杂货店。

当查利1955年5月接管费耶特维尔的商店时，沃尔顿仅付给女员工们每小时50美分。支付完这第一笔薪水之后，查利考虑了一下，觉得“这实在太荒唐了”。于是，第二个星期他把工资提高到每小时75美分，随后他便接到了沃尔顿打来的电话。他说：“查利，我们不能每小时增加25美分，只能增加5美分。”但查利没有把数额减下来，他仍让那些女员工拿75美分，因为她们所挣的的确值那么多。那些日子里他们的销售额非常高，赚了许多钱。

沃尔顿不记得自己曾经那么抠，但是那个时候他们付的是很少。他并非故意那么冷酷，沃尔顿是希望每个人都为自己好好干。在他事业的早期岁月中，他只不过是竞争欲望太强烈，太想把事情做好了，以致对最基本的事实——实际上就是后来导致沃尔玛成功的基本原则——视而不见。要知道，不管你把工资置于零售业中什么地位，它在一般管理费用中总是最重要的部分之一，而一般管理费用的控制是保持利润率的要害之一。那时如此，现在也仍然如此。然而当时沃尔顿实在太醉心于获得6％或者更高的利润率，以致忽视了沃尔玛的员工的一些基本需求，为此他感到非常过意不去。沃尔顿没有意识到的一个更大的事实，从表面上看似乎也是矛盾的——就像折价零售商所信奉的索价越低、赚的就越多的原则一样。这就是：你越与员工共享利润——不管是以工资、奖金、红利，或股票折让方式——源源不断流进公司的利润就越多。为什么呢？因为员工们会不折不扣地以管理层对待他们的方式来对待顾客。而如果员工们能够善待顾客，顾客们就会不断地去而复返，而这正是该行业利润的真正源泉。仅靠把新顾客拉进商店，做一笔生意算一笔，或不惜工本大做广告是达不到这种效果的。顾客称心满意，反复光临，是沃尔玛公司惊人的利润率的关键，而那些顾客之所以对沃尔玛忠诚，是因为他们的员工比其他商店的售货员待他们更好。所以，在沃尔玛公司的整体规划中，建立商店员工与顾客的良好关系被视为最为重要的部分。

沃尔顿曾在很长一段时间内都没有意识到这个问题。事实上，他整个事业中的最大缺憾就是，当1970年沃尔玛的公司公开发行股票时，他最初的利润分享计划只包括经理人员，而没有扩大到所有员工。但在那些日子里，也没有人向沃尔顿提议，而他大概是太担心自己的负债状况，也太急于让公司迅速扩展了。今天，沃尔玛公司的一些评论家试图让所有人相信，他们实行利润分享计划及其他措施只是为了抵御工会组织。对所发生的事的一种传统说法是，当他们在密苏里州克林顿的第20家商店以及在梅西科的第25家商店开张时，零售职员工会分别组织了两次针对沃尔玛的罢工，正是为了对付这些麻烦，沃尔顿开始实施这些计划来排斥工会。这种说法只反映了部分事实。他们的确在这两家商店中遇到了劳工问题，也的确与工会发生了对抗——合法的和公开的——而且沃尔顿赢得了这场斗争。实际上，他们在工会组织的竞选中从未输过。但是，分享利润和其他利益的想法甚至在沃尔玛公司公开发行股票以前就产生了，但这不是沃尔顿，而是海伦想出来的。

※ 098 试图建立合伙关系

在一次开车旅行途中，海伦谈论起沃尔顿的高额薪水，以及他为留住自己公司的高级管理人员而付出的金钱和其他代价。沃尔顿解释说，商店的员工与这些好处毫不相干，而我则第一次意识到公司为他们做的实在是太少了。海伦向沃尔顿建议说，对这些人应当一视同仁，否则高级管理人员也不太可能长久留下。这件事沃尔顿记得很清楚，因为他那时并不完全同意海伦的观点。后来，海伦敢断定他考虑了这个问题，而当他接受她的建议时，他的确是心口如一的。也许，沃尔顿他们与零售职员工会，以及其他一些工会（如沃尔玛建筑工地的建筑工会，分销中心的司机、仓库工人、佣工兄弟会）的冲突确实迫使沃尔顿加快考虑了这一问题。工会看来并不很喜欢沃尔玛公司，或许因为它们从来没有得到过组织和驾驭他们的运气，它们试图让每个人都相信，它们是促使沃尔玛公司为沃尔玛公司的员工做任何好事的唯一原由。

事实上，如果沃尔玛尝试将员工当作合伙人，他们很快就发现，它有助于他们进一步发挥在生意上的巨大潜力。而且，员工们也很快发现，随着公司状况的改善，他们的收入也在提高。沃尔顿一直坚决主张，沃尔玛公司不需要工会。理论上他是理解工会所提出的观点的，即工会的存在是因为员工们需要有人来作他们的代表，等等。但从历史上看，随着工会在这个国家的发展，它基本上只是在制造不和与分裂。它们使管理层和雇员相互对峙和敌视，自己则扮演中间人的角色，仰仗着两大阵营的对立，几乎成了一个独立的机构。而对立则破坏了直接的沟通，减弱了企业关照顾客、加强竞争和夺取市场份额的能力。沃尔顿决定在沃尔玛公司中实行的合伙关系——包括利润分享、奖金、股票折买计划，以及真正让员工参与进来使他们团结成一个整体的措施——对双方来说，比有工会干预的任何情况都好。如果想吸引和留住人才的话，沃尔顿就必须这样。而从长远来看，由于信任公司并一直推动它沿着正确的方向发展，沃尔玛公司的员工也从收入及其他方面获得了好处。双方的合作使沃尔玛公司的事业如日中天。

※ 099 “我们计划”的推出

每当沃尔玛公司真正遇到麻烦，或工会极有可能插足公司事务时，原因都在于管理层的失误，在于他们没有倾听员工们的心声，或者亏待了他们。沃尔顿认为每次公司雇员表示他们需要工会，都起因于管理层糟糕的管理方式，以及与下属的矛盾。通常，这种情况的发生与一线管理人员的工作有直接关系，诸如某些管理人员干了蠢事，或没有做应该做的好事。沃尔顿之前在克林顿和梅西科镇就遇到这样的问题。他们的经理不虚心听取意见，对下属缺乏应有的宽宏大量。他们不与员工沟通，不与他们共患难，结果就有麻烦了。

沃尔顿觉得应该用传统的办法来对付这种情况。他们雇了一位名叫约翰·泰特的劳工问题律师，多年来他打赢了许多场这类官司，后来他也加入了沃尔玛公司。他的忠告促使沃尔顿更下决心要改变沃尔玛的劳资关系：要关心员工，善待他们，让他们参与进来，那样他就不必把所有时间和金钱都花在雇用劳工问题律师上以对付工会了。在发生了那些对抗后，约翰帮他们在密苏里的一个旅游胜地组织了一次管理层的研讨会，之后不久沃尔玛公司便推出了一个名叫“我们关心”的计划，目的是使员工们明白，当他们遇到问题时，希望他们来管理层，给他们一个解决他们问题的机会。而他们要做的事情就是要传达如下信息：“是的，我们公司没有工会，但正因为如此，我们才变得更强大。而且，因为你是我们的合伙人，所以我们的门为你敞开，我们愿意洗耳恭听，我们能一起解决自己的问题。”当然，工会也可以我行我素地鼓动员工们说：“喂，我们能让你们每小时增加3美元工钱，为什么不罢工呢？”

关于他们为什么把雇员称为“合伙人”，有许多争论，但每个人都很赞许。沃尔顿不知道，也许他们说得对。但在他记忆里这很简单。首先，那时詹姆斯·卡什·彭尼就曾把他的计时工资雇员称为“合伙人”，而沃尔顿的脑海中似乎也一直有这个想法。而将其在沃尔玛公司付诸实践的念头则产生于在英格兰的一次旅行中。

※ 100 利润分享计划的实施

沃尔顿和妻子海伦正在英格兰度假，他们到那儿是为了看温布尔登网球赛。一天，夫妻两正在伦敦的一条街上散步，而沃尔顿在一家商店门前停了下来——不管他们到哪儿，他总要停下来看看商店。就在这次旅行中，他们在意大利丢失了不少东西，因为当他在端详一家大型折价商店时，小偷摸进了他们的汽车。当他在这家英国零售商店门前驻足时，海伦记得沃尔顿说道："瞧那块招牌写得多棒。我们也该这么做。"那是J·M·刘易斯合伙公司。它的招牌上列有所有员工的姓名，管理者与这些员工之间有一种合伙关系。同所有员工建立合伙关系，这一想法的确令沃尔顿激动不已。一回到家，他们便开始把商店员工称为"合伙人"，而不是雇员。在某些人眼里也许这没有什么可大惊小怪的。他们是对的，如果沃尔顿他们不采取其他措施使之化为现实，那么这和商店的橱窗摆设就没什么两样，也就毫无意义了。沃尔顿当时的这个决策，即尽量给员工以更平等的对待，毫无疑问是他们在沃尔玛公司所作的最明智的举动。

1971年，沃尔顿采取了第一个大步骤，这种做法纠正了他以前的一个大错误。他开始实施一项所有员工参与的利润分享计划。由于诸多原因，沃尔顿觉得这是自己所作出的最引为自豪的举动。利润分享计划在很大程度上是保证沃尔玛公司继续前进的诱因。每一个在沃尔玛公司呆了一年以上，以及每年至少工作1000小时的员工都有资格分享。运用一个与利润增长相关的公式，他们把每个够格的员工工资的一个百分比归入他或她的计划，员工们离开公司时可取走这个份额——或以现金方式，或以沃尔玛公司股票方式。这个计划并没有什么特别之处，但它是沃尔顿颇为自豪的杰作。在过去的10年中，公司平均将工资的6%归入这一计划。例如，去年沃尔玛公司的这一额度为1.25亿美元。现在，利润分享计划的管理者——包括一个员工委员会——每年都会选择沃尔玛公司股票为该计划的主要投资对象，从而使该计划得到了令人难以置信的发展，也使许多员工个人帐户的存款数额大增。现在，利润分享数额已经约有18亿美元——这些都是属于沃尔玛公司“合伙人”的权益。

※ 101 计划中的获益者

鲍勃·克拉克他是阿肯色州沃尔玛商店卡车司机，他从1972年开始为沃尔顿先生工作，当时他只有16辆拖拉机。第一个月，他去参加司机安全培训，而沃尔顿总要去那儿看看。他们那儿约有15个人，而鲍勃永远不会忘记沃尔顿先生所说的话：“如果你跟我20年，我保证你将从利润分享计划中得到10万美元。这是笔好交易，鲍勃，你在生活中永远不会看到那么多钱。”那时鲍勃一直担心自己到底能挣多少，上回他查了一下，他的利润分享数额已达70.7万美元，而且还在不断增长。这些年鲍勃买进和卖出股票，用赚来的钱添置了家具，还买了许多其他东西。当别人询问他对沃尔玛公司的看法时，鲍勃告诉他们，他为另一家众所周知的大公司开了13年车，结果离开时只拿到700美元。然后，告诉他们这家公司的利润分享计划并问他们：“你们认为我对沃尔玛公司会怎么看？”

治亚·桑德斯是沃尔玛12号分店退休员工，1968年4月，他开始担任照相器材、电子产品和小家电部门的负责人。刚开始时，治亚每小时最低挣1.65美元。当他1989年退休时，一小时能挣8.25美元。治亚在离开公司时从利润分享计划中得到20万美元，并把这些钱作了很好的投资。他经常外出旅行，还买了辆新车，而剩下的钱仍比最初时还多。治亚买进和卖出了一些沃尔玛公司的股票，股票还被拆股了好多次。他用其中的一部分钱为母亲买了幢房子。

乔伊斯·麦克默里是沃尔玛54号分店地区教员，他的生活全仗沃尔玛公司。沃尔顿总是给予员工那么多，乔伊斯也想尽可能地作出回报。15年来沃尔顿私下里一直对他很照顾。乔伊斯把自己的大多数钱用来买股票，也包括从公司以外买进一些。他的利润分享部分的增长是你难以想象的。到今年乔伊斯的利润分享数额为47.5万美元。他原打算拿了钱退休的。但他才40岁，于是乔伊斯决定再在这儿干一阵。

琼·凯利是总部员工，主要负责处理货物索赔。她在密苏里州梅西科镇的一家农场长大，20岁时琼进了当地的沃尔玛25号分店工作。当她来到本顿维尔时，运输部门只有9个人，而现在他们有61个人。她的哥哥一开始就试图说服辞去工作，他觉得琼在沃尔玛公司以外的任何地方每小时都能挣更多的钱，然而，1981年她的利润分享数字是8000美元，而1991年这个数字是22.8万美元。琼对哥哥说，如果他找到任何别的能挣这么多钱的地方，她马上换工作。如果你忠于这家公司，你的忠诚所获得的报酬将是惊人的。琼很高兴自己能这么忠心耿耿。她挣的钱可以供女儿阿什莉上大学。

这些都是沃尔顿合伙人中的一部分，他们团结在一起度过了很长的一段岁月。

※ 102 损耗奖励计划

大约在利润分享计划开展的同时，沃尔玛公司实施了许多其他财务合作规划。他们有一个雇员购股计划，它让员工通过工资扣除的方式，以低于市值15%的价格购买股票。今天，沃尔玛公司80%以上的员工或借助利润分享计划，或直接地拥有沃尔玛公司股票；据沃尔顿个人统计，其他20%的员工要么是还不够资格参与利润分享，要么是进公司的时间尚不够长。这些年来，为使每个员工都像合伙人那样参与公司业务，沃尔玛公司还推行了许多奖励和奖金计划。最成功的奖金项目之一是他们的损耗奖励计划，除直接的利润分享之外，它最好地体现了合伙原则。你可能知道，损耗，或下落不明的存货损失——换句话说就是偷窃——是零售业盈利的大敌之一。

1980年沃尔顿作出决定，控制这一问题的最佳途径是与员工们共享公司因减少损耗而获得的盈利。如果某家商店将损耗维持在公司的目标以内，该店每个员工都可获得奖金，最多可达200美元。这多少有点儿竞争的味道，沃尔玛的损耗率大约是该行业平均水平的一半。不仅如此，它还促使员工们彼此之间增加了信任感。大多数人并不喜欢当梁上君子，即使在有机可乘时会这么干的人也是如此，而多数员工也不愿意与有小偷小摸癖好的人共事。

所以，在类似上述计划下，人们因诚实而直接获得报酬，便会产生真正的动力去认真地防止顾客中发生顺手牵羊的事件，并防止任何同事落入这一陷阱。商店里工作的所有员工齐心协力地阻止损耗发生，而成功的结果便是他们以及他们所在的拥有股份的公司都得到好处。听上去这再简单不过了，而这些理论也的确是最基本的。然而，除非管理者懂得员工对于这整个过程的重要性，并在管理中不折不扣地加以实现，任何理论都不能导致真正合伙关系的实现。口头许诺不能赢得真正的合作——甚至连分享利润也做不到。不少公司也提供各式各样的利润分享计划，但它们绝对无法赢得员工的合作，因为它们并不真正相信员工们的重要性，也不愿对后者加以引导。

※ 103 损耗得以改善

如今，这种行业中的管理者所面临的真正挑战，是如何成为所谓雇员的领袖。一旦他们做到这一点，这支队伍——管理者及其员工——便会无坚不摧。许多人多年来一直预言，一旦面临真正的城市环境的严峻挑战，沃尔玛公司的这一套就会行不通。据认为，在到处是被失败阴影笼罩的贫困者地区中，这些方法是徒劳的。沃尔玛方式不适用于那些有偷盗前科，以及对其生活缺乏信心的人。但沃尔顿几年前视察达拉斯附近一家商店，这是沃尔顿在沃尔玛所见过的最差劲的商店之一。

那是得克萨斯州欧文镇880号分店。该店的员工及顾客年纪都很轻，各色人种都有，顾客的情况也一样。这个店的经理对其下属和顾客简直糟糕透顶。沃尔顿想他大概是这么想的：“这些白人、黑人和墨西哥人既年轻又贫困，他们随时都可能去偷，对此我无能为力。”所以他不是一个雇员的领袖，绝对不是。这家店是沃尔玛商店中损耗率最高的，达到他们闻所未闻的6%。该店每年损失50万美元以上，沃尔顿想应该把它关闭了。但他们有一位名叫埃德·纳吉的地区经理，是个真正的离经叛道者。他是个总爱得罪人或破坏规矩的家伙。他麻烦不断，而且喜爱尝试新事物，但沃尔顿得承认，他提醒了自己。他来到那家商店，与经理谈了一次，然后他开始重新训练各部门的头头，为这些人设立了一些现实的目标。他在谈话中不断鼓励他们，解释沃尔玛公司与众不同之处，指出其他公司不成功的原因在于没有让员工参与进来。

接着他发现，该店员工偷盗成风，而且对顾客的顺手牵羊行为也视而不见，因为没人制定任何规章制度。顾客退货没人检查，分期付款也无人清查，甚至没人检查收银机。如果你想偷东西，你知道自己肯定不会被逮住。于是，他们开始加强对上述事务的管理，开始谈论团结一致，以及怎样提高销售额。不过一年半，这家商店就焕然一新了。损耗率降到2%，商店开始扭亏为盈。当沃尔顿到那儿时，他感到这是自己40年来视察过的近2000家商店中最令他骄傲的商店之一。糟糕透顶的状况由于一位处事果断、想法得当者的积极干预而得以改观，这真令人不可思议。

※ 104 改善损耗的门道

然而，为什么局面会改观呢？一方面，纳吉作为地区经理，把各部门经理们带离那家商店，带离那种失败的环境，让他们与他管区内取得成功的商店经理们并肩工作。他们每个周末都召开会议，讨论各自部门的状况，纳吉让这些人也参加会议。然后，他让他们设置自己的日标。也许，就在他们与其他商店的胜利者共进午餐时，他们也开始设想和斟酌如何改进自己部门的一团糟状况。他和其他商店的经理们与这些人谈论定量指标，并向他们显示其工作和决策与这些数字的相关性，从而使他们关心自己的销售额是否上升，不再敷衍了事地对待本职工作。他们开始学习真正的商品交易。

另一方面——这才是最重要的——他们加强了管理监督，以杜绝偷窃行为。他们开始检查每个出商店后门的空盒子。有一天，他们发现了一只装婴儿车的大箱子，里面藏着价值400美元的磁带，他们抓住了偷窃者。于是，第二天早上他们开了个会，经理表扬了发现盒子和抓住小偷的女职员，她成了一位英雄。每个人都对她报以热烈鼓掌。在短短的一段时期内，整个风气都扭转过来了。沃尔顿在早先经营杂货店时就领悟到这一点：你必须给予同仁责任，信任他们，然后才是检查他们。的确，他们的方法在城市里会面临更多困难。因为他们将同那些想到这一行业来工作的更有教养的人打交道，同那些品行端正和正直的人打交道。住在衣阿华州和密西西比州小镇的人，可能比休斯敦、达拉斯或圣路易斯人更愿意为他们所支付的薪水工作。他们也可能比大城市的人更容易接受一些的想法。但是，一个善于鼓励他人的聪明才智的好经理，在和任何地方的人打交道时都能有效地运用局外人所称的“沃尔玛魔法”。这也许要费更多时间。你或许得仔细研究更多的人，或许必须更娴熟地运用雇用技巧。但有一点沃尔顿深信不疑，任何地方的人最终都不会对他们使用的激励技巧无动于衷——如果他们被正确对待，并得到适当的培训机会。如果你对别人友善、公正而又严格，他们最终会视你为自己人。

※ 105 业务指标内部公开化

沃尔玛公司之所以大获成功，不仅仅是因为他们是从乡村——那儿的人们天性纯朴友好，可以成为很好的零售店雇员——成长起来的。他们的确有许多来自乡村的好雇员，但他们也必须进入沃尔玛的文化，像其他任何人一样学习零售业务，而花了许多时间教他们中的不少人克服他们天生的羞怯，学会大声说话和帮助顾客。所以，沃尔顿想也许一些局外人过于强调城市工人的所谓低素质，而多少忽略了某些经理未能正确引导员工这一事实。多少年前，如果他们没能干得这么出色，一些人也许会说，你永远不可能在美国的小城镇建立一个零售王国，因为你没能把一支复杂的劳动者队伍吸引住。

最早构成沃尔玛合伙关系的另一个重要内容是，他们非常愿意与所有员工共同掌握公司的业务指标。这是让他们最大限度地干好其工作的唯一途径——了解其业务进行的状况。如果说沃尔顿对分享利润的重要性的认识尚有些迟钝的话，那么他们将业务运转完全公开，授予员工参与权的点子是全行业中最早实行的，而且至今仍远远领先于几乎所有同行。沃尔顿总是告诉商店员工业务指标的情况。但在他们决定实行合伙关系后，沃尔顿把分享信息的做法更推进了一步。分享信息和分担责任是任何合伙关系的核心。它使人产生责任感和参与感，而随着公司规模的扩大，不得不承认，与员工共同掌握许多指标是烙守他们经营原则的结果。定期公布该店的利润、进货、销售和减价情况。沃尔顿相信与员工分享信息的好处远大于信息泄露给外人可能带来的副作用。至少到目前为止，它看来并没有构成损害。而事实上沃尔顿最近获悉，他们的一贯做法成为当今企业界最流行的趋势之一：分享信息，而不是隐藏信息。

当沃尔顿视察一家商店，看到某个部门经理自豪地向他汇报她的各个指标情况，并告诉沃尔顿她位居公司第五名，并打算在下一年度夺取第一名时，没有什么比这更令沃尔顿欣慰了。他喜欢与商店经理们会面。当他们指给他看货架上堆满的炭笔、婴儿润肤油或午餐盒，告诉他之所以选择这些品种是因为它们有很高的利润率，并进而夸耀说这些品种的销量有多么大时，沃尔顿简直无法掩饰自己为他们感到的骄傲。这是他的心里话，这也是他最感到骄傲的事。如果管理者真正致力于把买卖商品并获得利润的激情灌输给每一位员工和合伙人，那么沃尔玛公司就拥有势不可挡的力量。

※ 106 适当加以激励

伯尼·马库斯是家用品总站公司董事长和共同创始人，由于沃尔顿和沃尔玛公司的待人方式，他们与之关系特别密切。沃尔顿能给人带来巨大的精神鼓舞，当然，物质刺激也起了相当大的作用。模仿沃尔顿的做法，伯尼·马库斯也制定了自己的雇员股份计划，其效果也相当不错。伯尼参观了沃尔顿拥有近40万员工的公司，不管走到哪儿，他们都面带微笑。他证明人是可以被激励的，他是第一个攀上顶峰的人。但如果伯尼问起沃尔顿经营状况如何，他却从不感到满意。他说："伯尼，情况真的很糟。我们收银机前排的队伍太长，我们的人对顾客的帮助还不够。我不知道该怎样进一步激励他们。"而如果你询问某些濒临倒闭的零售组织的总裁时，他们却会向你吹牛说生意有多兴隆。真会打肿脸充胖子！但沃尔顿却绝不会这样，他是个脚踏实地、头脑清醒的人。也无疑是最优秀的商人之一。

为激励员工们不断取得最佳的工作实绩，这些年来沃尔玛公司设想出许多不同的计划和方法。但如果离开了最简单却又是最核心的一条——感激之情——所有这些都将是徒劳的。因此，试图在公司中寻找一切可以被赞扬的事，寻找出色的东西。当沃尔玛的员工有杰出表现时，要让他们知道，让他们了解自己对公司的重要性。如果某人工作没有做好，你必须追究事情出纰漏的缘由，除了诚实地向他指出以外，你没有别的选择。纠正错误使所有人都得益——如果是以积极的方式来纠正错误话。但没有什么比让某人知道你多么感激他的工作能更好地促使他以正确的方法行事了。如果你做到了这最简单的一条，人类的天性就会表现出积极的一面。

※ 107 平易近人的沃尔顿

安迪·西姆斯是沃尔玛1号分店经理，当他刚开始在得克萨斯州西部的沃尔玛商店干事时，他们盼望沃尔顿去商店参观时的感觉，就像等待一位伟大的运动员、电影明星或州政府首脑一样。当沃尔顿一走进商店，他们原先那种敬畏的心情立即就被一种亲密感所取代。他以自己的平易近人把笼罩在他身上的那种传奇和神秘色彩一扫而光。有多少政府首脑会以"你在想什么"或"你最关心什么"作为其谈话的开端呢？参观结束后，商店中的每个人都清楚，沃尔顿对他们所作的贡献怀有感激之情，不管它多么微不足道。每个员工都似乎感到了自身的重要性。这几乎就像老朋友来看你一样，沃尔顿从不让他们失望。关于真正的合伙关系，还有一点值得提及：那些远离其员工，出了问题也不愿不耻下问的经理人员永远也不可能成为员工真正的合伙人。

管理过程中的一些问题常常令人感到精疲力竭和沮丧，就像那些整天在货架旁整理货物或推着装满商品的手推车来回在仓库和商店之间的员工感到疲惫和沮丧一样。他们有时得为一些他们无法置之不理的问题冥思苦想，需要找到一个愿意听听他们的倾诉，并能帮其解决难题的人。因此，尽管沃尔玛公司规模庞大，仍坚持开放政策。

如果你在沃尔玛公司呆上一段时间，你会对下述事情毫不感到奇怪：某人会在一时冲动之下，驾车从费城或密西西比州来到本顿维尔，然后坐在门厅里耐心地等着见董事长。事实上，有多少500亿美元身价的公司董事长会百分之百地接见所有上门求见的员工？有许多大公司里的人从未见过他们的董事长，更不用说与他交谈了。但是对于沃尔顿来说，商店的经理和员工就是皇帝。他热爱他们，他们也的确感到他的心扉是敞开的。他会去视察商店。同时他也绝对不能容忍经理虐待其商店员工。当他发现有这种现象发生时，他会立即召集人员加以解决。合伙关系中包含金钱——这是任何商业关系的关键——但它也考虑到了人类的基本规范，如尊重一个由40万人组成的拥有真正合伙关系的团体，在极大程度上能够将整体的利益置于个人需要之上，在这方面沃尔玛公司展现了一个引人注目的例子。

“来呀，马吉！”沃尔顿在他的卡车驾驶室里高声嚷道，“到我这儿来！”车顶上，沃尔顿的朋友，得克萨斯州杰克逊维尔的一家百货商店店主罗伊斯·比尔忍不住暗自好笑。“你听听，萨姆就爱嚷嚷，”马吉说，“这当然没什么坏处，但他整天都会这样大呼小叫。”1974年底，沃尔顿对所已经取得的成就很满意。他们建立了一个大规模的地区性折价商店联号，在8个州有近100家沃尔玛商店开张。销售额近1.7亿美元，其中利润有600多万美元。股票被拆股了两次，并已在纽约证券交易所上市。现在，每个人都分享到利润，整个公司的发展跃上了新台阶。华尔街花钱打探沃尔玛公司的经营秘诀，尽管那儿也有人对沃尔顿持有异议，但他们似乎都对罗恩·迈耶和其他称职的管理人员予以高度评价。在56岁时，沃尔顿还清了所有的债务。他的净资产额远远超过他刚在零售业起步时的想象。沃尔顿的几个孩子已经大学毕业，开始了他们自己的生活。沃尔顿真的想象不出自己还能从生活中企盼到什么更多的东西。如果你认为沃尔玛公司这些年来占据了沃尔顿绝大部分的精力，那么这是不完全准确的。沃尔顿始终没有放弃自己的其他爱好，主要是打鹌鹑和打网球——而且他还时常参加竞赛。许多商人喜爱打高尔夫球，但沃尔顿总觉得这项运动过于休闲和费时，而且又不像网球那样富有对抗性。

※ 108 热爱运动的沃尔顿

沃尔顿和海伦初次相遇时，他就是在玩高尔夫球，但沃尔顿一出错就会非常沮丧。在军队服役期间，有一次他与几个军官外出打球，那天他们的上校也去了。沃尔顿把球打进了树林里。他气疯了，把球棒朝树上砸去，结果球棒折断了。回家后他把球棒扔了，说："我受够了高尔夫球。"从此以后，大多数时间他只打网球。不管沃尔顿飞到哪儿，他总带上他的球拍，每到一个城镇，沃尔顿都要与朋友们打网球。由于某些原因，他喜欢在中午——太阳晒得最凶的时候——打网球，而且总是攻势咄咄逼人。自从他们来到本顿维尔后，沃尔顿总是定期打网球，直到两年以前他的腿跑不动为止。

乔治·比林斯利是沃尔顿的网球伙伴，大约有10年时间，沃尔顿和他一直在正午打网球——通常在他家中的球场上。乔治之所以选择午餐时间打网球，是因为他不希望任何员工为了打球而离开工作岗位。在球场上，他是最棒的运动员。他悉心研究对手的比赛，了解对手和他自己的长处和弱点。沃尔顿喜欢这项运动。他从不轻易给你得分的机会，也从不认输，但他是公正的。对他来说，网球规则、商业规则，乃至人生的规则都是相同的，他遵循这些规则。他虽然争强好胜，但是个好网球手，输赢都不失风度。如果输了，他会说："我今天输了，你打得太棒了。"

人们常常称洛雷塔·博斯·帕克为网球副总经理，如果沃尔顿先生外出旅行，为了安排打网球，他一下飞机就会给航空部门打无线电话，让他们立刻打电话给洛雷塔。她会在11点接到电话，给沃尔顿找一个对手，然后他中午就能打网球了。因此，网球成了洛雷塔组织体育比赛的内容之一。但在沃尔玛公司之外，沃尔顿的更大爱好一直是打鸟。他不得不承认这是一项最令他痴迷的活动。他实在太喜欢了，以至在早期把它作为促进生意的方法之一，他原先并不常打鹌鹑，直到沃尔顿遇见海伦的父亲，一个酷爱这项活动的人。每次去克莱尔莫尔，沃尔顿都喜欢同罗布森先生，或海伦的弟弟弗兰克和尼克一起到郊外去打猎。她父亲和沃尔顿的枪法都比别人好得多，他们每次都会好好较量一番。

本顿维尔之所以吸引沃尔顿是因为那儿四季都可以打鹌鹑。在狩猎季节，沃尔顿几乎每天下午三四点钟左右就放自己的假，外出打猎几小时。他把自己的狗牵进打猎专用的旧车，然后出发到某个打猎的农场或牧场。让主人邀请你再次光临的最好办法，是去征求他的允许，送给他一盒商店的巧克力樱桃；或者，如果他喜欢，就给他点儿你的猎物。沃尔顿已经踏遍了这儿所有的山丘和谷地。

※ 109 沃尔顿的“宠物”

即使沃尔顿已65岁多了，他还是觉得自己的身体很结实，喜欢轻松自如地慢慢走，享受野外的风光。他打猎就像谢尔曼进军佐治亚州一样。当沃尔顿请求别人允许他打猎时，他总是介绍自己是本顿维尔广场的沃尔顿杂货店的萨姆·沃尔顿，当这些农民到镇上来买东西时，他们自然愿意和到他们土地上去打猎并带给他们糖果的人做生意。沃尔顿至今还会碰到一些人，他们会告诉他说，他们的父亲常常回想起他到他们土地上去打猎的那些日子。

随着公司的不断扩张，沃尔顿乘飞机的机会更多了，他便把狗也带到飞机上，在视察各地商店的间隙去打猎。沃尔顿和那些狗一起在路途上有过不少美妙的经历。他通常让它们躺在汽车行李箱中。但如果是罗伊就不同了，与其说它是猎犬，还不如说是沃尔顿的宠儿，沃尔顿会让它在他房里跟他睡在一起——恐怕这是任何假日饭店的人闻所未闻的。有时它会和臭鼬打架，沃尔顿抓住臭鼬的后腿来到湖边，把它按到水里，想让湖水把它冲走，但却发现想把它与狗分开并不那么容易。

罗伊是历史上最名不副实的捕鸟猎犬。它根本算不上一条好猎犬。例如，它会向你指出野兔在哪儿。但员工和顾客们却很乐意在商店里与它逗乐；还有一次，他们把它的名字和画像印在狗食的标签上，结果竟十分畅销。罗伊还有件不同寻常的事：它与网球有不解之缘。它会随沃尔顿一起去网球场然后趴在那儿；一旦球出了球场，飞过篱笆，或不管到哪儿，它都会追上去把球捡回来。打猎中真正使沃尔顿感兴趣的是与狗的协作以及对它们的训练。你得与它们成为好伙伴，你必须奖励它们，它们当然也得好好干。

※ 110 悠闲的生活

“乔治！上我这儿来！子弹会打中你屁股的！”沃尔顿说。接着，他对同伴说：“我觉得乔治挺不错的，它一直在追逐猎物。它伸出鼻子嗅着，不停地来回跑。它似乎胸有成竹，至少看上去像那么回事儿。它成了别的狗的后盾，而那纯粹是出于本能。跟沃尔顿在一起的狗必须有点儿本能。”

沃尔顿为能训练自己的狗而自豪，他从来没有驯狗师，不像他的一些乡村朋友那样都有驯狗师。沃尔顿喜欢挑出普通的小猎犬，对它们加以训练——把它们拉来拽去，纠正它们的动作，对它们高声叫喊，对它们保持耐心。它们得学会寻找鸟儿，学会怎样约束自己，等待猎物上钩。有些狗沃尔顿怎么训练也训练不好，而罗布森先生却有帮他重新训练的妙法。他就喜欢把沃尔顿不要的狗领去，训练好了再还给他。除了训练狗以外，沃尔顿还喜欢在各种季节到户外去。当他置身于野外时，他把沃尔玛公司或自己的一切事务都抛诸脑后，只想着下一拨鸟儿会在哪儿出现。沃尔顿将他狩猎的房子称之为坎普·查波特，那是一组样子破旧的拖车式活动房屋，坐落在得克萨斯州南部中心地带。这不是南部贵族们的那种狩猎方式——身着白色上衣的仆人，雕刻精美的比利时猎枪，以及套着银质挽具的骡子与红褐色的狗车拴在一起。沃尔顿称其为“南佐治亚猎鹌鹑小屋”，他虽然如此称呼，但自己也感到有点不对劲。沃尔顿的一些好朋友也喜欢打鹌鹑。或许这是他的极大偏见，但沃尔顿觉得打鹌鹑的人一般都是很好的运动爱好者，他们能在保护自然资源和猎取野生动物之间取得平衡，而这一点当然也是沃尔顿所重视的。就像在本地打鹌鹑一样，几年前沃尔顿和巴德也非常喜欢到得克萨斯州打鹌鹑。他们在得克萨斯州南部各租了一个牧场，位于里奥格兰德山谷以北不远处。沃尔顿的牧场十分简朴，而巴德的就高档多了，他那儿还有个游泳池。

※ 111 退居幕后

罗恩和费罗尔德这两个人水火不相容。在沃尔玛开始大规模扩展商店时，费罗尔德确实在公司的组织方面作出了重大贡献，但由于他们所需的技术和复杂的系统，当时沃尔顿的确感到罗恩对公司的未来是绝对关键的。他不但有才干，而且很有抱负。他明确表示，他的目标是管理一家公司，最好是沃尔玛，对此沃尔顿深感敬佩。有一天罗恩对沃尔顿说，如果他不能管理沃尔玛的公司，他会辞职，去另一家公司。为此沃尔顿斟酌了数日，他真的担心会失去罗恩。于是沃尔顿对自己说：“我已经老了，而我们可以在一起合作。我就让他当董事长和总裁吧，我该退居二线，放松一下自己了。当然，我会继续视察商店的。”

就这样，沃尔顿成了执行委员会主席，罗恩成了公司董事长兼总裁，费罗尔德成了总经理。沃尔顿搬出了自己的办公室，坐到了他们戏称的“管理座次”的末尾。罗恩取代了沃尔顿的位置，沃尔顿则搬进了他的办公室。沃尔顿决心不加干预，让他独立经营公司，他的任务只是核查他的工作情况。沃尔顿放手让别人来处理公司的日常事务了，他想这么做效果会很好。

1974年，沃尔顿已经56岁了，他准备退休了，就像日落月升一样顺理成章。然而，他虽然退居幕后，用更多时间来休假，但他相信在罗恩·迈耶眼里，他根本就没有放手过。事实是，退休是沃尔顿所做的比以前尝试的任何举措都更糟糕的事情。实际上，沃尔顿知道自己在刚一辞去董事长职务时就犯了错误。他试图对罗恩不加干涉。但实际上他在继续重复他以前一直做的事情。沃尔顿希望看到自己的想法继续在全公司得到贯彻，但是又希望罗恩能成功地管理公司，建立良好的组织。不幸的是，这么做事实上无法使沃尔顿摆脱对公司的干预。这种状况使罗恩不胜负担，沃尔顿想这对任何一个想管理自己公司的40岁的人来说都会如此。

※ 112 两大阵营的对立

同时，公司本身正在分裂成两大阵营。许多新来的年轻人站在罗恩一边，而老的商店经理则支持费罗尔德。当沃尔顿开始察觉到这种分歧有多么严重时，沃尔顿感到十分焦虑，他不得不更加留意每个人。罗恩和费罗尔德之间出现了对立，即使远离本部公司内两大阵营的对立却依然很明显，你几乎不得不表明立场，是站在这一边还是那一边。这是在沃尔玛公司中看到前所未有的松散现象，他们们都不愿看到的事情开始不断发生。经营店和关心员工这一头等大事被抛在一旁。他们大多数地区经理在星期六早晨聚到一起或互通电话，情况越来越糟，沃尔顿开始在办公室里呆更长的时间，他显得非常紧张。没有夸大其词，事情真的是这样。同样，萨姆·沃尔顿一直希望问题会妥善解决。而他必须说：沃尔玛公司在整个这一时期都表现得很出色。这决不是一个管理不当的问题。这不过是一些快要退休但却不想离开的一些老经理、老功臣与一个拥有自己雄心勃勃主张的年轻人之间的争执而已。

对于在该公司的整个生涯中的费罗尔德来说，那是个唯一令他感到消极的时期，也是个十分引人瞩目的时期。沃尔顿总觉得他的人必须相互竞争，因为他认为这样才能获得出类拔萃者。在多数情况下的确如此。不过那时情况却并非如此。当他袖手旁观时，所有人都感到情况很棘手。罗恩的人忠于他，而费罗尔德的人则忠于费罗尔德。沃尔顿总是说，“我会最终裁决的。”但这么做的结果超出了他的意料。所以当他发现事情正在变得多么糟糕时，他采取了对策。

沃尔顿应当对自己酿成的这一糟糕状况负大部分责任。但他的确也认为罗恩有些事情没有处理好。沃尔顿对他手下人的处事技巧感到担忧，而且沃尔顿感到派系之争已经侵害到商店的经营管理，而且沃尔顿也对一些所谓个人风格问题深感不快，虽然在多数公司中这些现象并不鲜见，但他们毕竟不同于沃尔玛公司的一贯行事风格。

※ 113 被“屠杀”之后“大出走”

对这一切沃尔顿忧心忡忡。他很少因为公司的问题而夜不成寐，但这次却失眠了。他不想让罗恩失望，也不想失去他。但公司的确误入歧途了。因此，在沃尔顿放弃董事长职位30个月之后，1976年6月的一个星期六，沃尔顿将罗恩找来说：“罗恩，我以为我已经作好了撒手不管的准备，但看来其实还没有。我的确管得太多了，让你觉得碍手碍脚。”沃尔顿告诉他打算重新担任董事长和总裁，让他担任副董事长和财务总管。沃尔顿的提议令罗恩不快，他当然知道这是为什么。他希望管理公司，当他无法实现这一愿望时他决定离去。当时没人相信这一点。但是，虽然沃尔顿对罗恩任董事长时所发生的一些事感到不快——真的不快——但他仍竭力说服他留下，即使他不能再担任董事长和总裁。“罗恩，我们会想念你，我们需要你，而且我认为没有你我们会损失很多。”沃尔顿尽一切力量挽留他，但罗恩觉得是该走的时候了。

罗恩十分失望，也非常不快，但他对沃尔顿说，“萨姆，我知道你会认为事情变得很糟糕，许多人也会有同感。但你拥有如此强大的组织、商店的员工和经理们，顾客们又那么忠实于你，公司又有如此正确的经营思想作指导，我认为你会沿着正确的路走下去的。”沃尔顿感谢他对他们所表示的信心。也知道他不是信口开河，沃尔顿永远不会忘记他的话。在公司的传闻中，该事件被称为“周六夜的屠杀”。随后发生的事被称为“大出走”。

罗恩——沃尔玛公司的财务总管、数据处理经理、分销中心负责人——队伍中的一群高级经理都随之挂冠而去。你可以想象华尔街对此有何感想。许多人立即得出结论沃尔玛公司大势已去。他们认为，就像他们多年来一直认为的那样，沃尔玛公司的管理层是一盘散沙。他们一直把罗恩·迈耶一帮人看成是公司取得成功的原因，但他们偏偏忽略了公司的基础，即公司的基本原则：降低成本，教导员工对顾客的关心。

※ 114 骚乱平息恢复生机

在整个骚乱过程中，杰克·休梅克是一个聪明和活跃的年轻天才，对公司作出了重大贡献，沃尔顿想他正是把沃尔玛公司拉回正道的合适人选。但是，当沃尔顿任命他为经营、人事和商品部执行副总经理——越过了一些更年长和资格更老的人时，更多的经理递交了辞呈。这的确是一股大规模的离职风，当这股风潮结束时，沃尔顿估计高级管理层中走了三分之一的人。他们很久没有遇到如此糟糕的局面了。当时沃尔顿对他们是否还能保持以前的状况毫无把握。就像在沃尔顿失去纽波特的第一个租约时他说过的，多数挫折可以转化为机会。果然，眼下的这一挫折也给他们带来了公司历史上最伟大的机会之一。

自从沃尔顿与戴维·格拉斯在阿肯色州哈里森的那次糟糕的沃尔玛分店开张典礼上相遇后，沃尔顿一直试图说服他为公司工作。他在斯普林菲尔德的折价杂货连锁店中是一个风云人物，沃尔顿相信他是他遇见的最好的零售业天才之一。沃尔顿也曾经要罗恩·迈耶雇用戴维，但他不愿意。所以，当罗恩离开后，戴维成为沃尔顿想见的第一个人。最后，他终于说服他加入了沃尔玛公司。尽管如此这并不意味着说有了戴维和杰克·休梅克——前者管理财务和分销，后者管理经营和商品——公司内的两派之争就不存在了。但正像其他公司所面临的情况一样，沃尔玛既拥有零售业中的佼佼者，也有只会惹麻烦的人。这两个人个性完全不同，但他们都才智过人。在面临困境的情况下，所有人都必须齐心协力。事实再一次证明，人们的担心是多余的，沃尔玛公司很快又恢复了以前的生机。

※ 115 人才济济的沃尔玛公司

罗恩·迈耶可称为沃尔玛公司原来的分销系统的设计师，但坦率地说，戴维·格拉斯在分销方面比罗恩要干得出色得多，而这正是沃尔顿原来担心会丧失的专长领域之一。戴维在调整和改进沃尔玛的会计制度方面也表现得异常出色。他和杰克都是使沃尔玛公司能保持良好运转和成长的高技术的大力宣扬者。而且，他不仅是个了不起的财务总管，还是个相当不错的人际关系专家。他的新队伍比原来的那支显得更有才干，对手头的工作更得心应手。在他们最需要的时候，拥有合适的人干着合适的工作，这一直是沃尔玛历史的标志。直接来自校园的惠特克帮助他们创业。

费罗尔德·阿伦，一位井井有条、勤奋肯干的德国人，把他们组织起来；罗恩·迈耶，出色的电脑专家，使沃尔玛的系统运转自如；杰克·休梅克，一位具有商店经理之才的优秀而大胆的管理者，使公司的人摆脱陈规旧习，吸收了新思维；还有戴维·格拉斯，受命于危难之际，却沉着冷静，终于使这个庞大而难以调控的公司恢复了正常秩序。从第一天起，沃尔顿就不断地寻找具有他和巴德都不具备的素质的人才。戴维·格拉斯就是在这个时候进来的。但有时这却是件很不容易的事。沃尔顿几乎花了20年时间来说服唐·索德奎斯特离开本·富兰克林公司来到沃尔玛。甚至一度许诺他当总经理，然而他还是拒绝了。但后来他终于在沃尔顿最需要的时候加盟了沃尔玛公司，在戴维手下担任业务总管，而且干得非常出色。

在任何公司内，有些人即使作出了重大贡献，但仍有需要离开的时候。有时别人指责沃尔顿挑起他人之间的争斗，但他并不以为然。沃尔顿总是要手下人相互交流，让他们在公司中担任不同的职位，这么做不时会伤害一些自尊心很强的人。但沃尔顿认为每个人都应尽可能接触公司的各个领域，而最好的管理人员正是那些接触过所有基础部门，对公司具有良好的整体概念的人。沃尔顿不愿意看到公司内的竞争演变成个人恩怨，看到他的人不再齐心协力地一起工作。沃尔顿常常达观地说，收起你的雄心，帮助公司内任何你能帮助的人，公司里的所有人应当拧成一股绳。

※ 116 带头喊口号

沃尔顿在周六早晨7：30聚集几百个管理人员、经理和员工来讨论业务，这么做的公司不太多。以董事长带头呼叫鼓劲的口号来开始会议的公司就更罕见了。但那是他最喜欢用的叫醒别人的方式之一：在星期六一清早，当做起阿肯色州大学的拉拉队的队操时，口号声此起彼伏，你或许得身临其境才能感受到那种气氛及效果。口号的内容如下：嗬、嗬、嗬，起来吧，猪猡们！嗬、嗬、嗬？？！你或许不信，但沃尔顿是提高喉咙喊的。在巡视商店时，他喊的是另一种口号：沃尔玛自己的口号。当布什总统夫妇来到本顿维尔时，员工们呼喊口号向其致意，从他们的表情上可以看出，他们还不习惯这种表示热情的方式。口号是这样的：一个沃！一个马！一个特！那是什么？沃尔玛！谁是上帝？顾客！

沃尔顿知道多数公司没有口号，即使有，多数董事长也不会带头呼喊。而且，多数公司也没有像迈克·“鼹鼠”·约翰逊那么有趣的人。在他担任安全主任时，在一个星期六早上他组织了一场无任何规则的吐柿籽娱乐比赛，沃尔玛公司的总顾问罗伯特·罗兹成了游戏中的目标。多数公司也没有称为“卡车司机合唱团”的福音乐团，以及称为“吉米·沃克和会计师”的管理人员合唱团。

沃尔顿觉得，正因为工作非常辛苦，他们不必整天绷着脸，一副表情严肃、心事重重的样子。在沃尔玛公司，如果你有重要的业务问题，你可以在星期五早上的商品会议，或者在星期六早上的会议中公开提出来，以便大家集思广益，一起来解决。但他们在开这样的会议时，气氛是轻松愉快的。这就是所谓“工作时吹口哨”的哲学，这么做不仅本身令人愉快，而且他们的工作也因此干得更好。创造属于自己的活力和激情。他们之所以能牢牢吸引同仁们的注意力和兴趣，正是因为他们从不知道接着将发生什么事。他们打破障碍，使彼此的交流更加融洽。使大家感到自己是一个大家庭的一部分，在这儿没有谁高人一等，或者因为有带头喊口号的权利而自鸣得意，或者是被嘲笑的对象——或者成为吐柿籽比赛中的目标。

沃尔玛也并不想以企业文化的发明者自居，在IBM公司早期，汤姆·沃森所采用的口号和实施的群体活动，与他们现在所做的并没有太大区别。正如沃尔顿所说的，如果遇见任何好主意，同样会加以采纳。在沃尔顿和海伦1975年去韩国和日本的旅途中，他们就学了几个点子。那里的人所做的许多事很容易应用在他们的生意中。从文化角度看，很多事情颇不相同——像坐在地板上吃黄鳝和蜗牛——但人总是人，能激励某个群体的东西一般也能激励另一个群体。

※ 117 打赌付出的代价

沃尔顿带着海伦去看了那家位于汉城以东的网球厂。海伦猜想，这家公司大概和沃尔玛有生意往来，因此他们的款待得很周到。那是海伦一生中所见过的最脏的地方，但沃尔顿却表现出浓厚的兴趣。在那儿他第一次看见一群工人们呼喊公司的口号。他喜欢大家一清早一起做健身操的主意。他急不可耐地回去，在商店和星期六早晨的会议中推行这一做法。

1984年，局外人就已开始发现，沃尔玛的人与众不同。那年沃尔顿打赌输给了戴维·格拉斯，按照打赌规定，他得穿上草裙在华尔街上跳草裙舞。沃尔顿原料想在他跳舞的时候，戴维准会在一旁拍下录像，然后在星期六早晨的会议上向所有人证明他没有食言。但当他们到那儿时，却发现戴维雇来了一卡车真的草裙舞演员和四弦琴演奏者，而且他还通知了报界和电视网。沃尔顿他们遇到了麻烦，因为警察不许他们在街上跳舞，而舞蹈者工会也不允许那些演员在没有取暖装置的环境下跳舞，因为天气太冷。最后，他们获得美林证券公司老板的允许，在他公司的台阶上跳舞。沃尔顿穿着草裙和夏威夷衫，戴着花环，跳起了自认为还不算太蹩脚的草裙舞。这幅画面——来自阿肯色州的一位疯疯癫癫的董事长穿着一身滑稽的装束——太奇特了，它一夜之间便传遍各地。有好几次，公司的这类宣传噱头令沃尔顿感到十分尴尬。但在沃尔玛公司，当你打像沃尔顿这样的赌时——认为他们不可能获得8%以上的税前利润——你总是输家。不过与同狗熊摔跤相比，跳草裙舞根本算不了什么，曾任得克萨斯州帕勒斯坦的仓库经理鲍勃·施奈德就被迫这么做过，因为他与同事打赌，说他们不可能打破生产纪录，结果却输了。

沃尔顿知道他们的古怪行为——公司的口号、歌曲或草裙舞——有时可能显得相当粗俗或矫揉造作。但他们毫不在乎。的确，如果一位副总经理穿着粉红色紧身衣，戴着长长的棕色假发，骑着一匹白马绕本顿维尔镇广场奔跑，那是有点儿滑稽。

1987年查利·塞尔夫就曾这么做过，因为他在一次星期六早晨会议中与人打赌，认为12月份的销售额不会超过13亿美元，结果却输了。另一件奇特的事是，早已退休的前管理人员罗恩·洛夫莱斯每年都会出席公司的年终会议，并递交他的年度洛夫莱斯经济指标报告，该报告根据路边所发现的可食用的死鸡数目推测次年的经济状况，还附有图表和详细的统计资料。（经济越不景气，在路边所发现的死鸡数目就越少。）以一头猪作为礼物送给你的总经理会把他吓一大跳，可那正是沃尔顿俱乐部成员在一次销售竞赛会议上对戴维所做的事。他们告诉他，打算给他一张猪皮，但结果却决定，为什么不干脆给他一头猪呢？此外，有多少资产达500亿美元的公司会让他们的总经理穿上工装裤，戴上草帽，骑着驴在停车场上兜风呢？但他们却让戴维在哈里森商店接受《幸福》杂志采访时这么做了，他对记者讲述了该商店1964年开张时到处是驴子和西瓜的混乱状况。当他们的竞争者拿到《折价商店新闻》，一眼在封页上瞧见他们的总经理骑在公驴上时，天知道他们会作何感想！

※ 118 沃尔玛文化

多数人也许会认为，沃尔玛有一个行事癫狂的董事长，喜欢玩弄一些粗俗的宣传噱头。但是他们不知道，这类事在沃尔玛公司是寻常得很。它是公司文化的一部分，它融入了他们身边的一切事物中。不管是星期六早晨的会议，或股东大会，或商店开业典礼，或平常的日子，他们总是尽量使生活变得意趣盎然，使沃尔玛公司成为快乐之地。他们还经常做出些异想天开的事，以吸引大家的注意力，并引导他们自己突发奇想。沃尔顿希望看到他们在商店中想出既取悦于顾客，又让员工们高兴的点子。如果你坚信沃尔玛公司的合伙关系及其核心价值，那么这种文化就会鼓励你想出各种新点子来打破陈规陋习和千篇一律。

沃尔顿文化的一部分源于在小镇上创业的时候。当初，沃尔顿确实试图在商店中创造一种欢娱的气氛。他们那时在小镇中，生活相当乏味，缺少娱乐，难得能找到比去沃尔玛更有趣的事。正如沃尔顿所说的，他们举行户外大拍卖，在停车场雇来乐队和马戏团，吸引人们的光顾。还设计出异想天开的赠奖活动，把各种奖项名称写在纸片上，从商店屋顶撒下来，同时还放彩球助兴。沃尔玛公司举行“月光疯狂大拍卖”，通常在正式营业结束之后开始，并持续到午夜，期间每隔几分钟就会有新交易达成。

沃尔玛推出购物手推车博彩游戏——每辆购物手推车有一个号码，如果喊到你的号码，那么你的手推车中的任何东西部可得到折扣。在商店开业时站在服务台前，把盒装饼干送给从最远赶来的顾客。只要是有趣的事，他们就会尝试。不过偶尔也有砸锅的时候。

在乔治·华盛顿的诞辰纪念日（2月22日）时，菲尔·格林（还记得世界上最大的汰渍洗衣粉陈列广告吗？）登了一则广告，说他的费那特维尔商店将出售一台22美分的电视机。唯一的条件是，在购买该电视机前，你必须先找到它。菲尔把它藏在店内某处，谁先找到，谁就拥有它。当菲尔那天早晨来到商店时，发现商店前人山人海，连店门也看不到。沃尔顿猜想大概所有费那特维尔的人都来了，其中许多人已经等了一个通宵。沃尔玛公司的人只能从后门进去。当前门最终打开时，那个乱哄哄的场面真令人难以置信：五六百人为了寻找那台22美分的电视机，把商店翻了个底朝天。菲尔那天的生意好得惊人，但整个商店实在混乱不堪，因此他不得不承认这种捉迷藏式的购物法的确太可怕了。

※ 119 各种活动的举行

随着事业的发展，沃尔玛已不再采用那些马戏把式了，但他们始终坚持让商店保持轻松愉快的气氛。希望员工和管理层团结一致，亲如一家，即使他们不直接参与销售或推销商品。下面是一些稀奇古怪的事：——内布拉斯加州的费尔怕里商店有一支“标准购物手推车操列队”，参加当地的花车游行。所有队员均穿戴沃尔玛公司的制服，推着手推车按固定的程式不时地变换队形。——佐治亚州的锡达敦商店为给慈善事业捐资举行了一次吻猪比赛。他们摆出许多贴有各个经理名字的坛子，获得捐赠最多的坛子的经理必须吻一头猪。——路易斯安那的新艾比利亚商店组织了一支称为短缺克星的拉拉队。他们的口号主要内容是针对克服货物短缺：“遇到货物短缺怎么办？消灭它！消灭它！”在沃尔玛的一次年会上，拉拉队的口号吸引了人们的注意力：“加州的柑橘，得州的仙人掌，凯马特该小心了！”——佐治亚州的菲茨杰拉德商店的7位员工，装扮成生长在佐治亚州南部的水果和蔬菜，乘彩车参加了欧文县的“甜土豆游行”，并赢得了头奖。

在他们经过裁判席时，这些本地的“水果和蔬菜”呼喊起沃尔玛店的口号。——密苏里州欧扎克商店的经理，为了给慈善事业募捐，穿着粉红色短裙，乘在平板卡车的尾部，在星期五晚上巡回于市政广场，而此时正是年轻人逛街的高峰时间。

沃尔玛的繁荣得益于许多美国小城镇的传统，尤其是带行进乐队的游行、带头呼口号、操列队和彩车。大多数人都是在这种环境下成长起来的，当你成年并开始工作后，反而会觉得这些活动更有趣了。他们喜爱各种类型的比赛，可以为一切事情，从诗歌到漂亮的婴儿，成天举行比赛。他们也喜欢各种传统节日，那时商店中的每个人都会穿起戏装。有一天，俄克拉何马的何德莫尔商店在店前堆起干草，在其中藏入了36美元的硬币，并让孩子们钻进去找。也许你不信，沃尔玛的更多商店常举行女性时装表演，但却以又老又丑的男人作模特儿。一些接待员——在顾客进门时负责接待的员工——也常会做一些有趣的事。例如，阿色州亨茨维尔商店的阿蒂·霍珀，每逢假日就会穿起不同的戏装，来取悦顾客。

※ 120 月亮馅饼竞吃锦标赛

此外，沃尔玛还举行月亮馅饼竞吃世界锦标赛。有一年沃尔玛将月亮馅饼作为一个大品种来推销，并且卖出了600万美元的馅饼。月亮馅饼比赛始于1985年。当时，亚拉巴马州奥尼昂塔商店的经理助理约翰·洛夫，偶然地订购了比他原来打算订购的多四五倍的月亮馅饼，他发现自己陷入了馅饼的包围之中。绝望之余，约翰突然灵机一动：何不举行一次月亮馅饼竞吃大赛，以免这些馅饼白白放着变霉。谁会想到这也会流行起来？现在，这已经成了一年一度的活动，每年秋季——10月的第二个星期六——在奥尼昂塔商店的停车场举行。它吸引了来自许多州的观众，还登了报，上了电视，并传播到全球各地。月亮馅饼竞吃的世界纪录是10分钟内吃16个双层馅饼，该纪录是1990年一位名为莫特·赫斯特的男子创造的，他自称为“饕餮戈德齐拉”。

粗俗！还有比这更粗俗的事吗？但是，当人们聚在一起干这类蠢事时，它对于鼓舞他们士气的作用的确匪夷所思。我们没有理由不让自己快乐起来，让那些妄自尊大、自命不凡的人见鬼去吧，他们那是自作自受。就以星期六早晨的会议为例，如果没有那些娱乐和出人意料的事，怎么怎么可能让那几百个人在每个星期六早晨起来，笑容满面地来参加会议呢？如果他们得知，会上将有人单调冗长地报一些比较数据，然后是一个关于业务问题的严肃的讲话，那么会议气氛还能活跃吗？决不可能。不管该会议有多么重要，大家都会觉得讨厌，即使召开了也毫无益处。

※ 121 沃尔玛文化的核心

事实上，星期六早晨的会议正是沃尔玛文化的核心。星期六早晨的会议是与业务密切相关的。其目的是让每个人知道公司的其他人在干什么。在这些商店员工中寻找英雄，并把他们召到本顿维尔来，在会上公开表扬他们。每个人都喜欢得到表扬，当然也尽可能寻找一切机会这么做。但沃尔顿不喜欢在会议上只听到好的一面。他想听听他们的弱点何在，还有哪些方面达不到要求，原因是什么。他喜欢大家提出问题，然后集思广益，想出纠正的办法。如果他们的确发现了存在的问题，而解决办法又很明显，那么就会在周末就可采取更改措施，而此时其他零售业的人士却在休息。

星期六早晨的会议是沃尔玛探讨和辩论他们的经营思想和管理战略的地方：这是他们所有努力和行动的焦点。这也是他们吸收各方面建议的地方。有时沃尔顿喜欢读一些业务管理方面的文章，虽然这不是会议中令人激动的一部分。沃尔顿的两位管理人员，韦斯利·赖特和科隆·沃什伯恩，喜欢读一切有关管理的文献，而且常常把一些有用的文章或书籍拿给沃尔顿看。在会上，他们也谈论竞争对手，个别的或一般的都有。例如，在会议上会花10分钟讨论沃尔玛公司该如何去击败那些实力不凡的特色品零售商。这里常常是他们决定尝试那些似乎不可能达到的计划的最早场所。他们不是一哄而起地把计划否定掉，而是设法找出其可行性。沃尔顿正是在一次星期六早晨的会议中打了赌，结果不得不去华尔街跳草裙舞的。虽然这令他十分尴尬，但但是他们最后取得8%以上的税前利润，而零售业中其他多数人却平均只能获得这个数的一半，为这一成绩脸红一回沃尔顿觉得完全值得。

星期六早晨的会议最吸引人之处就在于你完全不知道将发生什么。有时候会让人觉得无地自容，因为有些人没有做好工作，虽然他们不会当众受到责罚，但却会受到温和的批评，或者得到某种形式的忠告。阿尔·迈尔斯永远不会忘记，有一次沃尔顿当着所有人的面对他说的话。他说，阿尔应当停下来把要说的话想一想，然后再发言。他对阿尔的批评是对的，因为他当时尖刻地控告了公司的另一个部门，而在那样的场合阿尔这么做是不妥当的。他接受了忠告，从此开始注意自己的措辞。还有一次，董事长决定让阿尔在三周后的会议上站在众人面前唱歌曲“红河谷”。他知道阿尔连一个音也唱不准，但他却很重视此事，每个星期都要提醒阿尔。最后，阿尔不得不拉了一帮人来演唱，以便没人能发现他在滥竽充数。阿尔想，沃尔顿是故意强迫他当着众人的面做他力不能及的事，以便提醒阿尔为人应当谦虚、谨慎。总之，阿尔觉得这些会议组织得非常有趣。

沃尔顿知道什么时候让它严肃些，什么时候让它活泼些。有时会议很民主，有时又显得很专制。但沃尔顿的基本目的有三个：交流信息，减轻每个人的负担，团结队伍。为使会议卓有成效，必须使它带有一些类似演出的特性。沃尔顿总是让它带有不可预知性。有时他们可能会做做健美操，有时会唱歌，或者喊喊拉拉队口号。

※ 122 会议的自发性

星期六早晨的会议的真正价值之一是其自发性。他们实际上从来没有议事日程。当然，沃尔顿总是随身带着他的黄色笔记簿，上面潦草地记着他想讨论的事，其他人也同样如此。但沃尔顿总要做一件事，在会议开始之前点到某人说：“好吧，今天你主持整个会议。”于是，会议就会带上主持者的风格。这样，会议便总给人们带来某种期望。或许会发生一些不同寻常的事，或许某人会作出了不起的举动。他们最初召开星期六会议时，只有四五位商店经理参加。从那时起，它的发展就一直困难重重，曾遭到过许多异议，包括遭到海伦的反对。正如沃尔顿所说的，她认为在星期六早晨让大家离开家人是不公平的。如果当初给他们民主评议的机会，他们很可能会加以否决。但沃尔顿认为星期六的工作是选择零售职业所必须付出代价的一部分。要求他们的员工呆在商店里作出牺牲，而经理人员却放假打高尔夫，这怎么能行呢？

局外人很少能参加沃尔玛的星期六会议。因此，人们最能洞察公司文化的场合，即目睹真实的沃尔玛公司人际关系的场所，是公司的年度股东会。从一开始，它就试图给分析师们一种耳目一新的感受：让他们乘彩车游行，在户外露营。后来，它发展成可能是世界上最大的公司年会。由于规模太大——有1万多名股东和客人——于是就在费那特维尔的巴恩希尔体育场，即阿肯色州大学的大篮球场举行会议。不久，他们将在新建的巴德·沃尔顿体育场举行股东大会，沃尔顿知道他的弟弟会为此十分自豪的。

在某种程度上，沃尔玛的年会是他们星期六早晨的“演出”的一个更大翻版。参加者中有专业演员，如流行乡村乐歌手里巴·麦肯泰尔，还有特邀演讲者。别的方面与许多公司的会议一样——只是更加喧闹而已。在向股东的报告中，重点陈述了公司在过去一年中所取得的成就，以及他们来年的目标和计划。但真正使他们的会议与众不同的，是他们让自己员工参与的程度，而这些员工终究是他们最重要的股东中的一部分。沃尔顿总是让尽可能多的商店经理和员工参加年会，让他们看到公司的全貌，使之心中有数。一开始他们让每个商店和分销中心推选一位员工代表出席会议。但由于现在公司规模实在太大，才不得不采用错开的办法。而沃尔玛商店则隔年派出一名代表。

※ 123 野餐会拉近距离

事实上，会议的正式部分已退居次席，有几次娱兴节目实在太多了，以致他们忘了进入正式的议程。星期五早晨7点钟左右，他们召集员工做“暖身操”，即召开股东大会的先期会议。喊口号、唱歌、起哄，向退休者致敬。他们召来那些销售额占商店整个销售额百分比最高的部门的经理，表扬那些取得全公司范围最高销售额的部门经理。同时也叫来获得最佳驾驶记录从而赢得安全奖的卡车司机，向他们表示敬意。还向店面陈设最富创意，以及在业务竞赛中获胜的员工鼓掌致谢。相对于股东而言，更看重那些尽心尽职，年复一年地不断创造惊人的投资回报的员工。

沃尔顿和海伦邀请所有出席会议的员工——大约2500人——到他们家举行野餐会，食物由沃尔玛餐馆提供。这给海伦带来很大压力；没有多少主妇能忍受那么多人穿梭往来于自家的庭院和房子中，但沃尔顿认为这么做是很有意义的，但后来他和海伦都十分乐意这么做。这使他们有机会与许多员工聊天，而在别的正式场合也许根本就没有这种可能。他们多半都是各个商店的负责人，被推选来参加会议的。虽然人又多又杂，沃尔顿仍有机会来询问他们：“伊利诺伊州的利奇菲尔德商店现在怎样？”或“你们密苏里州布兰森商店的经理怎么样？”不用多少时间，沃尔顿就可以从他们的热情程度了解到某个商店的经营状况，如果他听到某些不好的消息，就可能在随后的一两个星期内去巡视一下。整个活动结束后，被邀请的员工将会看到会议录像，而未参加会议的员工也将分享这一切。当然，也将在公司的报纸《沃尔玛世界》上刊登关于会议的详细报道，使每个人都有机会了解会议的真实情况。

沃尔顿希望这种会议能使他们团结得更紧密，使大家亲如一家，为共同的利益而奋斗。沃尔顿希望员工们知道，作为经理人员和主要股东，衷心地感谢他们为使沃尔玛成为一个大公司所作出的一切。以他们所创立的利润分享合伙制为基础的、具有自己独特个性的强大的企业文化，给沃尔玛公司带来极大的竞争优势。

※ 124 沃尔玛文化的偏见

沃尔玛文化吸引人的另一个方面就是生活方式，但这又是个在沃尔玛成功以后就一直困扰着沃尔顿的问题。事实上，公司中的许多人赚了很多钱，其中已经涌现出大量百万富翁。在他们自我炫耀的时候，沃尔顿真觉得受不了。也许这不关他的事，但沃尔顿还是尽量劝他们在住房、汽车和生活方式方面不要过于奢侈。他不认为本顿维尔的生活方式应当与其他多数中等收入的地区有太大差别。沃尔顿经常不得不费力地劝阻那些靠持有沃尔玛公司的股份赚钱，但却没有亲身体验其中之艰辛的人。不时会有人做一些浮夸的举动来卖弄自己，而沃尔顿就会在星期六早晨的会议上直言不讳地加以严厉批评。在不少情况下，那些我行我素、对自己的举止不加收敛的人就得离开公司。

当人们形成一种办事方式，并毫不怀疑它是最佳方式时，他们就会形成一种倾向，认为事情就应当一直这么做。因此沃尔顿为自己制定了一个目标，就是要确保不断的变化成为沃尔玛文化的一个不可缺少的部分。在公司发展的每一时刻，他都强行实施变革——有时只是为了求变。事实上，沃尔顿觉得沃尔玛固有文化的最大特点就是它的果断的革故鼎新能力。在对付竞争时他们的变革做得很出色，但在与公司文化有关的事务方面，有时就不那么出色了。例如，在早期，所有老商店的经理对沃尔顿雇用大学生抱有强烈的偏见，因为他们认为大学生不会努力工作。然而，沃尔顿雇用的最早的大学生中的三个——比尔·菲尔兹、迪安·桑德斯、科隆·沃什伯恩——至今依然在一起，而且事实上是沃尔玛最亮的明星。但是，他们在刚进公司时，日子的确很不好受。

比尔进公司5天后，就负责在俄克拉何马州的艾达贝尔开分店。他们只有13天左右的筹备时间，这至今仍是开分店的最快记录。第一周比尔工作了约125个小时。第二周情况就更糟了。后来沃尔顿碰到比尔——因为他从小在本顿维尔长大，所以沃尔顿认识他——就问是谁雇用他的。比尔对他说是费罗尔德·阿伦。他说：“你认为自己将来是块生意人的料子吗？”单是他说话的这种语气就已使比尔觉得难以忍受，真想辞职。随后，唐·惠特克又走了过来，神情古怪地盯着他，他乎我身上有异味，并问：“到底是谁雇用你的？”那时，有大学文凭在公司中似乎并没什么好处。刚来的大学生必须向那些老家伙们证明自身的实力。显然，如果想发展，就得吸收大学文化程度的人。但刚开始时，对这些所谓的大学生抱有偏见。而现在，随着更复杂需求的出现——技术、金融、营销、法律诸方面——对更高级人才的需求也日益迫切。所有这些都要求他们的思维方式作出某些根本性的变化，对一系列问题进行反思，如自身的素质，雇用何种人才最适合沃尔玛公司未来发展的需要，以及对在职人员应作些什么等等。这正是沃尔顿和海伦在史密斯堡的阿肯色州大学建立沃尔顿研究学院的原因。沃尔玛公司也应当尽一切力量来帮助员工获得大学学位。公司也需要这些员工尽可能获得最佳的培训。这为他们的职业生涯开创了新机会，也给整个公司带来益处。

※ 125 零售商对女性的偏见

传统上，如果你想成为沃尔玛公司的经理，就必须随时接受公司的差遣。如果你接到公司的电话通知，要你到500英里以外去开一家新商店，你就不应该提出任何疑问。你得立即收拾行李上路，过一段时间你才能再考虑卖掉房子和搬家的事。或许当时这么做是必要的，或许做得有些过于严厉。不过，现在这么做就不合适了。原因有以下几条：第一，随着公司规模的日益扩大需要用更多方法来与当地社区保持联系，而最好的方法之一就是雇用当地人，在当地培养经理，让他们有机会在本地区发展事业。其次，老办法使公司中聪明能干的女性处于不利地位，因为她们不像许多男性主管那样可以自由地东搬西迁。现在，沃尔顿才发现他们使许多女性错失了发展的良机。

从前，零售商对女性的看法与对大学生的看法相同，甚至有过之而无不及。除了认为女性不能自由调动外，他们还认为女性只适宜于店员的工作，因为经理们通常要干许多体力活儿——卸货和搬运库房货物，必要时还得拖地板和擦门窗。如今，该行业的一个事实已经被大家意识到，女性也能成为出色的零售商。因此，沃尔玛公司应当尽一切可能招募和吸引妇女。

※ 126 顾客第一

沃尔顿从小便认识到每一分钱的价值。他不认为豪门巨宅和漂亮汽车就是沃尔玛文化的含义所在。赚钱是美妙的事，他也很乐意看到大家年纪轻轻就能享受游山玩水的悠闲生活。但如果你过分沉湎于优裕的生活，那么或许是转变一下方向了，因为你已经脱离了你应该非常关心的事：服务于顾客。

萨姆·沃尔顿比其他任何人都懂得，任何企业的存在都离不开顾客。他一直奉行的信条是，让顾客成为所有工作和努力的中心。另外，在为沃尔玛公司的顾客提供完美服务的过程中（他会说并不太完美），他也会以特殊的方式——在美国企业中几乎是无可匹敌的方式——服务于沃尔玛公司的员工、合伙人、社区及其他股东。

在沃尔顿整个零售业生涯中，他一直遵循一个指导原则。这是个简单的原则：商品零售成功的秘诀是满足顾客的要求。事实上，如果从顾客的角度考虑，你会有许多要求：商品品种繁多、质量优良、价格低廉，提供满意保证、友善和在行的服务、方便的购物时间、免费停车场、愉快的购物环境。当你来到一家比你的期望更好的商店时，你就会喜欢它；反之，如果一家商店给你带来不便或不快，或对你不理不睬时，你就会讨厌它。沃尔顿一生几乎都是在小镇上度过的，正是在这些小镇上他懂得了这些道理。那些与他有相同经历，即早期生活在小镇上的人，都不会忘记上世纪中叶小镇生活的与众不同之处。纽波待是一个相当繁荣的小镇，其零售业的竞争也相当激烈，但它仍然相当具有代表性。它是一个棉花集散地，许多到镇上购物的人实际上就居住在镇外的农场里。多数男人整天在田里干活，妇女则多半操持家务。那个时候妇女很少有工作，战争时期除外。当她们把家务料理得井井有条并感到精力依然绰绰有余时，就开始考虑外出工作。

那时候的人还不大习惯像今天这样琳琅满目的商品，以及周到的服务。在大萧条时期，很少有人有足够的钱可以经常逛商店；而第二次世界大战时期，所有东西——肉、黄油、轮胎、鞋子、汽油、糖——都实行配给制。但在沃尔顿开始创业时，短缺状况已大为改观，经济正逐步活跃起来。他们已经告别曾经习惯了的大萧条，繁荣时期到来了。在像纽波特这样的集市型的镇子中，星期六总是购物的大日子。那天是一家人开车到镇上，花上几个小时（或者一整天）逛逛所有商店，寻找自己所需物品的日子。有些东西会特别吸引他们到某家商店购物，这可能是一些因素的组合：店主的个性，商品的时新，价格等等或是冰淇淋机。我们就是在那种竞争环境下发展壮大的。

1950年沃尔顿来到本顿维尔这个非常小的城镇时，他们几乎看不到一点儿竞争气氛。几个零售商店散布于广场周围，每家都经营着自己的特殊商品，彼此相安无事。如果顾客在商店内找不到想要的东西，他或她就会开去罗杰斯、斯普林代尔，或者可能会去费那特维尔。但在他们把纽波特的一套搬用过来以后，传统的思维方式开始改变，小镇的气氛也开始活跃起来了。

※ 127 客户的需求日益激烈

星期六的本顿维尔广场周围的确与往常不同。沃尔顿会把一些货物搬到人行道上，甚至搬到街中心，那儿总有大批人群。那儿是圣诞老人和彩车游行队伍经过的地方。对于还是孩子的艾丽斯来说，似乎每个周末都有马戏团演出或狂欢活动。她喜欢星期六。她把自己的爆米花机摆在人行道上，生意忙得团团转。每个人都喜欢尝尝她的爆米花，当然许多顾客又会到商店里去转转。生长在这样的环境中真是太棒了。

继本顿维尔之后，费那特维尔是他们第二家商店开张的地方。而且那里也是他们遇到第一个与之相竞争的折价零售商——吉布森商店的地方。从那时起，他们就感到零售行业未来将要发生许多重大变化，而这正是他们一直想参与的。因为他们很早就明白，杂货店将不会像以往那样扮演重要的角色，而自己早已经在这方面作了大量投资。一个重要的事实是，这一切都不是平白无故地发生的。在50和60年代，美国的一切都在发生剧变。所有在农场或小镇中长大的孩子们从第二次世界大战或朝鲜战场返回后，都拥向了工作相对集中的城市。他们并非真的住到市区，而一般都是在郊区落脚，然后乘车往市区上班。似乎每个家庭都至少有一辆车——许多家庭有两辆——国家开始修筑其州际高速公路系统，这些改变了许多美国人所习惯的传统的做生意方式。大城市市中心的人口和商业开始向市郊转移。市中心的百货商店不得不追随他们的顾客，在郊区的商场中开设分店。由于带停车场的新连锁店，像麦当劳和汉堡包王快餐店的兴起，传统的饭店和餐馆受到了冲击。老式的城市杂货店，像伍尔沃思和麦克罗里，被凯马特和其他一些大折价商店打得一败涂地。石油公司几乎在市镇的每个角落都设立服务站，随后，那些所谓便利商店——7—11点商店等——也开始遍布大街小巷。沃尔顿和巴德就是在这个时候在拉斯金高地——堪萨斯城外的那个新兴住宅区——的购物中心开设了本·富兰克林商店。他们所在的大部分地区——阿肯色州西北、密苏里州、俄克拉何马州和堪萨斯州的小镇——不像其他地方有那么多商场和快餐店的霓虹灯。麦当劳和凯马特都不肯进入小镇。小镇的商业中心开始衰落。许多顾客成群地转到别处，而留下来的也变得日益精明。如果他们想购买大件——比如骑式割草机——只要能便宜100美元，他们就会毫不犹豫地驾车到50英里以外的商店去购买。不仅如此，随着电视机和战后新型汽车的出现，赶时髦成了人们的头等大事。只要听到克罗格商店的名字，或者在塔尔萨或别处新开了一家大食品杂货店，他们为了赶时髦都会立即驾车前去。只要看到物美价廉的东西，人们就会一次又一次不厌其烦地去光顾。这种状况一直持续到在他们的镇上开设了超级市场为止。

※ 128 迎难而上

正是小镇上的这种强烈的顾客需求使沃尔玛公司得以创立，并迅速繁荣起来，最终遍布全国。多少年来，他们一直信奉一条原则：乡村和小镇的顾客与他们那些离开农场迁到大城市去的亲戚们一样，都希望买到价廉物美的商品，由于在这些小镇上每天向人们提供低廉的价格、满意的服务、方便的购物时间，那些商品实行45%加成、品种和购物时间都有诸多限制的老式杂货店很快就被沃尔玛击败了。

1969年沃尔玛18号分店开张，这标志着他们在基本上退出小镇19年后又回到了阿肯色州的纽波特。虽然往事依然记忆犹新，但沃尔顿毫无报复的意思。随着生意的进展，他们返回故地是顺理成章的。沃尔顿知道在这个小镇上他们一定能成功。事实也的确如此，他们将纽波特的沃尔玛商店经营得异常出色，不久，沃尔顿原先经营过的老本·富兰克林商店倒闭了。并不是沃尔顿把那个地主的儿子弄得破了产，是他的顾客抛弃了他。

在沃尔玛公司成长期间，许多小商店倒闭了。有些人试图把这一现象炒成新闻热点，展开诸如拯救小镇商人的讨论，似乎他们应该像鲸鱼或美洲鹤那样被保护起来。在所有有关沃尔玛公司的评论中，没有什么比沃尔玛公司是美国小镇的敌人这一观点更令沃尔顿困惑了。没有什么比这更远离以下事实：沃尔玛公司向当地居民提供了廉价产品，节省了他们数十亿美元的开支，同时沃尔玛商店还为人们创造了成千上万个就业机会，这一切恰恰使许多小镇避免了衰亡。当沃尔顿返回故乡时，发现小镇的老广场与他们1954年离开时相比，已经面目全非，为此感到悲哀和惆怅。他们希望自己家乡的时光停滞不前，依然是旧时的地方，旧时的人，以旧时的方式做生意。他们认为小镇上的人不应该离开家乡搬到他们现在居住的市郊地区，他们也不该把车开上高速公路到其他地方去，或者建造带许多停车场的大型商场。这不应该是这些人怀念故乡的方式。同样，在大城市中长大的人对几十年来城市的变迁也有类似的感慨。很多他们小时候印象深刻的商店、电影院和饭店都已纷纷关闭，或者转移到了郊区。

※ 129 零售业的革新

正是因为沃尔玛公司规模发展得如此巨大，成为小镇上尽人皆知的大商家，才使他们成为众矢之的。有些人试图通过攻击他们来表达他们对美国小镇的观点，从而树立自己的地位。这件事给了沃尔顿一个教训，使沃尔顿看到了新闻媒体的思维方式。当你还是个无名小卒，还在为实现梦想和承诺奋斗时，你根本别想在那些报刊上为你的公司买到一席之地。当你取得初步成功后，他们仍然对你视而不见，除非你出了问题。然后，你越成功，他们就越怀疑你。当你成为一个大规模企业时，这下麻烦就大了。一夜之间，你就成了一个十足的恶棍，因为处于顶峰的你已成众矢之的。作为一个旧时的小镇商人，沃尔顿可以说，没有人比他更喜欢小镇零售业的黄金岁月。这正是沃尔顿把沃尔玛小博物馆设在本顿维尔广场的原因之一。它位于原来的沃尔顿廉价商店旧址，沃尔顿希望借此捕捉一些旧时廉价商店的感觉。但是，如果沃尔顿沉湎于自己早期的成功，沾沾自喜地说，“我们是镇里最好的商人”，然后照搬一切，不思革新，那么其他竞争者就会出现，拉走他们的顾客，沃尔玛今天就会倒闭。沃尔顿不知道这个竞争者会是谁。或许是吉布森或TG＆Y公司。但他猜想更可能是凯马特和塔吉特公司，就像麦当劳公司一样，在大城市市场饱和后，它们就会把脚伸向小镇。实际所发生的一切是零售业演变过程中绝对必要和不可避免的，就像汽车代替马车一样。小商店注定要消亡，至少数量要大大减少，因此一切是由顾客决定的，他们拥有选择购物的权力。

※ 130 创新是生存原则

小镇零售商的遭遇与50年代初超级市场刚出现时所发生的事没什么两样。零售业的中心是服务于顾客。如果你是个无竞争对手的商人，你就可以索取高价，晚开门，早打烊，并且在星期三和星期六下午休息。你的经营可以墨守成规，结果依然会一切正常。但当出现竞争时，你不能指望顾客由于老关系的缘故仍然忠实于你。成功地与沃尔玛公司或其他大零售商相抗衡的办法有许多。这些方法的背后有一个很基本的原则：你必须把注意力放在顾客的需求上，然后去满足它。沃尔顿不想对那些小镇的商人过于挑剔，但事实是，在沃尔玛和其他人进入小镇并带来新鲜的东西之前，他们中的许多人对顾客关心得很不够。而且，他们也没有对沃尔顿的到来采取很有力的对策。

小零售商除非原本就已经营得很出色，否则一当折价商品兵临城下，他们就不得不重新考虑其商品、广告和促销计划。他们应当避免与沃尔顿他们正面交锋，力求在擅长的领域比他们做得更好。试图在牙膏等商品的定价上与沃尔玛竞争是不明智的。顾客到小商店并不只是为了省几美分。沃尔顿认为独立的小型商店的最佳策略，就是多年来他当店主的一条经验：亲自到柜台前来接待每位顾客，让他们知道你对他们有多感激，以及亲身操作收银机。小小的个人接触对于独立经营的小零售商十分重要，因为不论沃尔玛公司如何试图仿照——的确很努力地尝试了——他们都不能真正做到这一点。沃尔顿认为一般杂货店必须完全重新定位，就像唐·索德奎斯特任本·富兰克林商店总经理时所做的一样。他看到与沃尔玛和凯马特公司竞争取胜无望，因此把许多麾下的杂货店改建成工艺品商店。他们提供比任何沃尔玛商店都丰富得多的工艺品种类，举办有关陶器工艺和插花艺术的课程，这些是沃尔玛公司从未想到的。这种做法效果极佳。他们在小镇上站稳了脚跟，许多商店经营得非常成功。对纺织品也可以做同样的事：提供高质量的材料，并开设一些缝纫课程。还有女式服装方面也可如此。不必在意镇上开了多少家沃尔玛商店，总有一些沃尔玛无法占领的空缺——并不是他们不想去占领。每个人都一样，为了生存也必须求新、求变。

在五金商店方面，沃尔顿不否认他们的确对一些竞争对手造成很大压力，但如果他们定位适当，就不应该输给沃尔玛商店。这是沃尔顿最不同情的商店种类之一，因为坦率地说，只要一位精明的五金店主经营得当，并且决心与沃尔玛商店决一雌雄，如果他选择了正确的品种，销售人员又精通产品及其使用方法，而且能很好地关心顾客，他就可以抢走沃尔玛的许多生意。五金商店某些种类的商品沃尔玛几乎没有——诸如水暖、电气设备和特殊工具。另外，他们的人并不都知道如何修理漏水的龙头，或者更换电灯电线，而五金商店的人却对此驾轻就熟。来沃尔玛店购买油漆的顾客并不是那种等着店员解说或介绍的人，他们多半自己挑选所需的油漆，然后就四处转转寻找其他想购买的东西。体育用品方面的情况也一样，顾客不会指望从他们这儿得到那些专卖店所提供的服务。

※ 131 遇竞争对手

唐·索德奎斯特有与沃尔玛公司竞争的亲身经验，所以知道该怎么做。你得开发自己的独特之处，然后进行大量投资。而且并非所有小镇上的零售商都恨沃尔玛公司。有些人也学会了如何成功地对付沃尔玛公司。

在科罗拉多州惠特里奇的沃尔玛商店开张后不久，有位女士跑来对唐说："我想对你们的到来表示由衷的感谢。这真是再好不过了。"唐向她表示谢意，并问她在镇子里是做什么的，她回答说，"我就在这儿商场内开油漆店。"她接着说，沃尔玛商店开张的那天成为她的油漆店开张以来生意最好的一天。"你们把所有人都吸引到商场中来了。这个周六对我来说真是大喜临门。有个顾客到商店来寻找某种油漆，并且说他知道我们有货，因为他曾到沃尔玛商店去找过，油漆部经理告诉他我们有货，并带他到我们这儿来。这对我来说真是太棒了。”他们的人把顾客送到油漆店，这是他们份内之事，因为关心顾客是他们的职责。这些日子以来让沃尔顿感到悲哀而且有些生气，一些小型商店在他们来到镇子前就自行关闭了。因为这些小型商店害怕与他们竞争，不战自退。他们为此承担了恶名。在沃尔顿看来，那些人之所以一遇见强敌就弃甲投降，急于关门大吉，是因为他们并没有真正经营好自己的生意，或许他们一开始就不该投身于零售业。

※ 132 慈善捐助计划

虽然多数新闻媒体认为沃尔玛公司与小镇的利益有冲突，但沃尔顿认为他们几乎在做生意的每个社区都很受欢迎。部分原因在于他们的经济贡献。还有一个原因是，他们花大力气在商店的管理层和员工中灌输一种对社区的参与感，使他们成为更好的公民。沃尔玛的某些商店经理在这方面比其他人做得好，为了让所有人提高参与社区的程度，他们尚须付出不懈的努力。

沃尔顿设立了社区奖学金并制定了慈善捐助计划，但他们依然在不断努力改进回报社区的方法。如果得意忘形，忘记了自己是为小镇提供服务的商人，那就很可能破坏他们与顾客的特殊情谊。如果他们选择的开店地址遭到居民反对，他们会尽量与反对者协商，看看能否在合理的限度内满足他们的要求。他还偶尔会更改拟议的地点，或者做些合理的让步。对于每个不欢迎他们的人，沃尔顿会告诉他还有200多个镇子正在恳求他们去那儿开店。沃尔玛商店只到受欢迎的地方去。沃尔顿总是说，检验他们是否正确的最简单办法，是在他们已经开店多年的镇子上进行民意测验，看看当地居民是否希望他们留下。问题是，如果真的离开，他们会受不了的。事实上，有时也的确不得不关闭一家商店，因为它无法盈利，但却遭到居民的强烈反对。这是要取得成功必须付出的另一部分代价。

※ 133 变压力为动力

从表面上看，服务顾客的观点简单明了，也言之成理，但从一开始实行，沃尔玛的做法就引起了很大的震动，不断遭到来自人们所说的“制度”方面的干扰。在早期，百货商店就向供应商施加压力，阻止他们把货卖给像沃尔顿这样的折价商，因为供应商对他们的做法——向顾客提供比他们低得多的价格——非常不满。在某些州，百货商店用所谓“公平交易”法来阻扰折价商进入当地市场。沃尔玛的供应商抱怨他们总是把价格压得很低。而一些制造商的代表——同时为几个不同的制造商服务，以赚取佣金为业的独立销售代理商——也对他们的做法啧有烦言。沃尔玛不反对给中间商佣金，只要他们的服务确实提高了整个采购效率。但从沃尔顿自己开着拖车到田纳西州寻找短裤和衬衫等货源起，他就不愿意付佣金给巴特勒兄弟，其中的道理很简单，自己是顾客的代理商，因此也必须尽可能成为最有效率的供应商。有时候，这个目标可以通过直接从制造商处进货达到。但有时直接购买行不通。在这种情况下，我们就需要中间商来与小制造商打交道，以便提高效率。沃尔顿坚信，他们拥有作这种决策——直接购买或通过代理商——的权利，它取决于何种方式能最好地服务于他们的顾客。

另一个争执的焦点是，一些人认为他们有权分一杯羹，不管他们所作的贡献是多么微不足道，也不管对顾客是否有意义。这个问题与关于小镇零售商的争论一样。如果美国商业要繁荣，要富有竞争力，沃尔玛就必须适应下列观念：商业环境正在变化，幸存者必须适应这种变化中的环境。商业是一种竞争性活动，只有顾客满意，工作的安全性才有保障。谁也没有义务为别人的生存负责。要理解沃尔玛公司关于中间商的观点，以及他们与供应商的关系，就得回溯到折价行业的开端。在该行业的早期，多数折价商的货源完全来自中间商、批发商或分销商，他们对折价商说："给我总量的15%，我们就能让你的货架琳琅满目。"换句话说，批发商对于所提供的每项商品的价格要提取15%的佣金。那些不择手段、只要有钱赚就行的推销商进入了这个行当，他们根本不必像零售商那样考虑许多。他们收下批发商的货物，提价15%，然后以仍然大大低于百货商店的价格卖出货物。但是问题是没人愿意开着卡车，特意行驶60或70英里来沃尔玛开店的小镇送货。分销商和批发商完全不把他们放在眼里。正因为如此，沃尔玛不得不建立自己的分销系统，并慢慢习惯于在价格上压倒所有人。

※ 134 价格战

强硬和令人憎恶有所不同。但每个采购员都必须强硬，因为这是工作。克劳德·哈里斯总是对采购员说："你不是在为沃尔玛公司谈判，而是在为你的顾客谈判。而顾客应当获得你所能得到的最好价格。不要为供应商感到抱歉。他清楚自己的货应当卖什么价，而我们希望得到他的最低价。"这是沃尔玛公司的一贯做法。他们总是对供应商说，"别把回扣算在里面，因为我们不那么做。我们也不需要你们做广告或送货。我们的卡车会直接到你们仓库装货。好了，现在你们的最优价是多少？"如果他们告诉克劳德一美元，他会说，"好吧，我会考虑的，不过我还要去你们的竞争者那儿，如果他开价90美分，那么这笔生意就归他了。因此你得再考虑一下，一美元是否真是你的最优价。"如果他们不肯让步，沃尔玛也决不妥协。你得公平、坦率、诚实，但你也必须争取达成最好的交易，因为你是在为千百万期望得到最优价格的顾客做生意。如果你的进货价是125美元，你就是在浪费别人的钱财。

当有人讨价还价的时候，你必须丝毫不让步。大家都不肯妥协，因为他们要为自己的利益着想，而你得为顾客着想。沃尔顿曾经威胁普罗克特—甘布尔公司将不再买他们的产品，而他们说，"没有我们的产品你肯定不行。"而沃尔顿说，"瞧着吧，我会把你们的产品放在旁边柜台上，而把价格便宜一点儿的科尔盖特公司的产品放在显眼的位置，你就等着瞧吧。”他们很恼火，就去找萨姆，而他说，“不管克劳德是怎么说的，事实的确如此。”现在，沃尔玛仍与普罗克特—甘布尔公司保持着良好的关系。这已成了一个众所周知的事例。他们知道不能像对待其他人那样恐吓他们，当说要代表顾客的利益时，沃尔玛是十分严肃的。那时，他们当然非常需要普罗克特—甘布尔公司的产品，而没有沃尔玛，他们的生意也不会坏。如今，沃尔玛是他们最大的主顾。不过，这种情况直到1987年后才出现，从那时起沃尔玛把供应商与零售商间的一种根本的敌对关系转变成双方——两家服务于同样顾客的大公司——均能获利的合伙关系，这或许将成为未来的一股潮流。你也许不相信，虽然他们那时规模已经很大，但普罗克特—甘布尔公司的管理人员从来不到沃尔玛公司来谈订货问题。沃尔顿让采购员直接与他们的销售员较量，然后双方接受讨价还价的结果。

※ 135 建立合伙关系

沃尔顿在本顿维尔的密友和长期的网球搭档乔治·比林斯利打电话给他，请沃尔顿同他一起乘独木舟游斯普林河。他说他带来一位老朋友叫卢·普里切特，当时是普罗克特—甘布尔公司的副总经理，他想跟沃尔顿会会面，谈谈两家公司都有关的事情。沃尔顿应邀前往，结果这次乘舟旅行成为他与乔治同游中最富成效的一次。在游河途中，他们一致认为整个供应商和零售商的关系很值得探讨。双方都把焦点放在最终用户——顾客——身上，但双方又都各行其是。双方信息互不沟通，没有共同计划，没有系统协调。两大巨人各走各的路，对这种过时体制导致的额外成本负担视而不见。事实上，当时的沟通，最多也只不过是通过相互偷偷从门缝里塞纸条的方式来进行的。结果，他们把两个公司的各10名最高层管理人员召集到本顿维尔，大家在两天中推心置腹地进行沟通的交流。不出3个月，成立了一支由普罗克特—甘布尔和沃尔玛两公司的人员组成的队伍，从而建立了一种全新的供应商—零售商关系。他们以合伙方式来开展业务，其中最重要的成果之一是，开始用计算机来分享信息。普罗克特—甘布尔公司可以监视沃尔玛公司的销售和存货数据，然后利用该信息高效率地制定自己的生产和运输计划。他们用信息技术来共同管理业务，而不仅仅是审核业务，由此开辟了新的天地。

随着普罗克特—甘布尔公司和沃尔玛公司建立合伙关系，其他许多公司也开始把供应商视为重要的合伙人。这种合伙关系也成为他们与其他许多供应商关系的榜样。以今日的情况而言，沃尔玛不只注重产品的质量和价格，而且由于他们规模庞大，唯一办法是和他们的供应商坐下来，一起商量成本和利润，并且共同计划所有事情，才有可能生存、进步。为此，要让制造商知道的是他们整整一年，或六个月，甚至两年的需求。只要制造商对他们坦诚相待，继续生产顾客希望的产品，并尽量降低其成本，他们就可以继续与其合作。整个过程效率的提高能使制造商减少其成本，从而能降低价格。有一件事是沃尔玛不愿做的，就是让他们与其他大公司间的复杂的策略性问题——或者那些与小镇零售商和中间商的争端问题——影响到他们从顾客角度考虑的观念，因为这正是他们所奉行的顾客第一策略的核心。

※ 136 将直面竞争

沃尔顿打电话告诉索尔，他准备开办一个批发俱乐部。这并不令人感到意外。沃尔顿擅长看别人在做什么，然后从中吸取经验。沃尔顿不知道，如果他们一直保持低姿态而从未挑起竞争，沃尔玛公司会有什么样的结果。可能到现在仍然只是一个地区性的经营商。最终，不得不将公司卖给那些寻求在中心地带市场迅速扩展的全国性锁商店。也许街面上暂时会有100至150家沃尔玛公司的商店，但后来它们可能都挂上了凯马特或塔吉特公司的招牌，而自已则将一事无成。沃尔顿不知道结果会如何，因为他们选择了另一条道路。最终决定，与其回避竞争，或者等他们找上门来，倒不如面对面地迎接挑战。这是沃尔玛所作出的最明智的战略决策之一。事实上，如果没能证明有关自由市场制度的其他什么东西，那么它肯定消除了人们关于剧烈竞争对商业有益这种想法的任何疑虑——不仅是那些客户，而且还有那些不得不相互展开竞争的公司也是如此。沃尔玛公司的竞争者使他们得到磨练，从而让他们具备了一种不可或缺的优势。要是没有凯马特公司，他们不会像今天这样出色，而且沃尔顿想他们也会承认，正是沃尔玛才使他们成为一个更优秀的零售商。西尔斯公司远远落在沃尔玛的后面，其原因之一就是，他们长期以来一直不承认沃尔玛和凯马特公司是他们真正的竞争对手。他们忽视了这两家，而沃尔玛恰巧把他们甩到了后面。

竞争的确造就了沃尔玛公司——从一开始就是。在整个美国，还没有一个人比萨姆·沃尔顿经营更多的零售商店——各种类型的零售商店，而不仅仅是折价商店。他在全世界都这么做。在澳大利亚、南美、欧洲、亚洲和南非，他都经营着许多商店。当他的注意力转向这一行时，他的头脑里就充满了好奇。而且他最喜欢做的事情就是跑到竞争对手的商店里，看看从中能学到点什么。起初，他们只是冲击一些其他的地区性折价销售商，比如吉布森商店和斯特林商店的马吉克市场折价部。他们没有直接与凯马特公司竞争。为了对事情有恰当的认识，他们可以比较一下开张10年后的凯马特公司和沃尔玛公司。沃尔玛公司的50多家商店和11家杂货店每年的销售额大约为8000万美元，而凯马特公司的500多家商店每年销售额则是30亿美元。但是，自从凯马特公司的第一家商店于1962年开张以来，它就一直吸引着沃尔顿。他经常呆在他们的商店里，因为他们那里就是他的实验。沃尔顿花了大量时间在他们的商店里闲逛，与他们的员工交谈，并且尝试找出他们处理事务的方式。有很长一段时间，沃尔顿心里一直痒痒地想要试着与他们对抗，到1972年，他们终于在阿肯色州的温泉城找到了一个绝好的机会，而且对那里的顾客都比较熟悉。他们看到凯马特公司在那里独自经营，确实随心所欲地主宰市场。他们没有什么竞争，而且其价格和利润都非常高，以至于他们几乎从来不打折扣。他们把菲尔·格林派到那里开办了第52家分店，也许你还记得，他在那里用世界上最大的汰渍产品陈列和各种大胆的促销计划引起过一阵骚动。他把价格削减至最低限度，并从凯马特公司那里偷偷拉来了一大批顾客。凑巧的是，当时哈里·坎宁安恰好从凯马特公司总裁的位置退下来。他曾在担任克雷斯吉公司的董事长时创建了凯马特公司。这对他们来说真是极大的运气。哈里在这10年里确实是一个人物，他使折价销售行业合法化，并让凯马特公司成为我们大家的典范——尽管沃尔顿的好友约翰·盖塞也是一个领先于时代的开拓者，他曾帮助创建了塔吉特和文图里商店。

从有人最初注意到萨姆起，很明显他采纳了几乎所有原来属于凯马特公司的设想。哈里总是很钦佩沃尔顿实现这些设想——以及后来加以发挥—的方式。很久以后，当哈里退休仍是凯马特公司的董事会成员时，他试图提醒公司的管理层，沃尔玛对他们是一个极大的威胁。然而直到最近，他们方才重视起来。沃尔顿猜想他们实际上是在蚍蜉撼大树，而大树并没有马上作出反应。也许哈里是对的。或许他们直到最近才对沃尔玛有所重视。约在1976年和1977年，凯马特确切地得到了这样的信息，即拥有1000家商店的凯马特公司认为，沃尔玛公司——只有150家商店——过于自信了。他们突然对沃尔玛的后院进行直接攻击，在他们销售最好的四个城市——密苏里州的杰斐逊城和波普勒布拉夫，以及阿肯色州的费耶特维尔和罗杰斯开设了分店。当时，他们在整个美国都这样大肆扩张，所有的地区性折价商都为此忧心忡忡。

※ 137 竞争的准备

1976年，沃尔玛在菲尼克斯召开了一个折价商贸易集团会议，会上许多人都在谈论如何避免与凯马特公司直接展开竞争的方法。沃尔顿感到有些生气，于是告诉大家应该站出来与他们对抗。他清楚地阐明了就准备那样做。

凯马特公司开设了那么多的商店，以至于它被认为是折价零售业的成吉思汗。沃尔顿的态度很鲜明："与他们面对面对抗。只有竞争才会使我们成为一家更加出色的公司。"他就是这样对待每个人。就沃尔顿个人来看，他是一个非常优雅、谦逊和恬静的绅士。但他总是从你的头脑中汲取思想，他随身总会带着一个笔记本或是录音机。他会学到你所知道的每样东西，但他也直率地让你分享他所知道的信息作为回报。当然，现在他是詹姆斯韦公司的一个竞争对手。但他决不会为此表示道歉。赫布认为这能使他们更为出色。他是对的。

1976年末又发生了其他一些事情，那的确帮助沃尔玛进一步做好了竞争的准备。由沃尔玛这些地区性折价商——当时大家在各自的区域内并不互相竞争——创立的一家研究团体首次在本顿维尔召开会议。像詹姆斯韦公司的赫布·费希尔、埃姆斯公司（AMES）的赫布·吉尔曼以及弗雷德·迈那公司的戴尔·沃曼这些人物都来到这里，参观沃尔玛的商店，发表他们对其经营状况的观感。噢，他们不得不说出来的意见真让他们大吃一惊。

凯马特公司大约于1977年开始向沃尔玛进攻，他们在小石城北部发动攻击，那里的7号商店是沃尔玛最好的商店之一。他们咄咄逼人，而沃尔玛也做出了相应的反击。沃尔顿曾命令那里的经理，"不管发生什么情况，决不要让他们以低于我们的价格出售商品。"某个星期六晚上沃尔顿打电话告诉经理，"你看，现在我们的克里斯特牌牙膏已跌到了每枝6美分。"于是经理说道，"好吧，就让价格保持那个水平，看看他们会做些什么。”他们不再降低售价，于是沃尔玛都仅维持在6美分的水平。最后，他们退让了。沃尔顿一直认为这次较量使他们对沃尔玛有所了解——即决不会轻易屈服——因为在其他地方凯马特从未以那样的降价幅度来对付他们。他们日益变得更加出色，其速度之快令人难以置信。在自己的小城镇，沃尔玛公司完全超过了凯马特公司。几乎从一开始，他们就没能成功地在杰夫城和波普勒布拉夫夺走沃尔玛的顾客。自从凯马特公司到来后，沃尔玛更加努力取悦于顾客，但是他们也并没有转向凯马特公司。

※ 138 面临质疑

但要记住，当时沃尔玛的销售额只有凯马特公司的大约5%。而且自罗恩·迈那离职以后，他们近来一直遭受着大量经理人员离走的困苦。因此沃尔玛花了好多时间才说服华尔街支持自己。有许多人认为他们不可能经受住真正的竞争。某位分析家，米切尔·哈钦斯有限公司（MitchellHutchinsInc.）的玛戈·亚历山大，在她关于沃尔玛公司的报告中确实对人员离职表示担忧。她怀疑这一事件会进一步阻拦其他高级主管人员进入董事会。她说他们可能看到与“这位绝不会对其他人经营‘他的’公司感到满意的企业家”不可避免会发生矛盾。她还同样质问，已经退休过一次的沃尔顿是否能像以前一样致力于经营这家企业。

沃尔玛公司成功的关键因素之一是因为在其狭小的地方市场内

缺乏竞争，这只是因为顾客们别无其他选择，虽然沃尔玛公司声称其商店可与凯马特公司有效地竞争，然而该公司会尽可能回避凯马特公司。尽管沃尔玛预料克雷斯吉公司不会发起对沃尔玛公司现有领地的大规模入侵，但克雷斯吉公司能够采取合乎情理的行动以遏制沃尔玛公司的地理扩张，假定克雷斯吉公司一方采取了某些遏制政策，在今后几年内沃尔玛公司就会陷入严重的困境。克雷斯非常愿意推荐购买该公司的股票，然而不幸的是，该公司的未来看起来是不确定的，而且有人认为沃尔玛公司是那种会遭受倾覆危险的草创公司之一。像这样的报告对沃尔玛公司帮助不大，但事实是亚历山大对当时局势的分析并不像今天看起来那样荒谬。所有那些事情都可能成为现实。然而她漏掉了一些关键点。她最大的错误是自罗恩·迈耶走后她对管理层队伍感到的不稳定性。董事会的高级职位上有了戴维·格拉斯和杰克·休梅克两人以后，他们就在同一天地内拥有比任何一家零售商可能希望得到的更多内行。近年来，沃尔顿一直颇为这样的事实感到自豪，即他们最快的扩展时期——公司零售史上增长率最高的时期——实际上正是在每个人都认为他们的计划遭到挫败并且可能被来自底特律的凯马特公司的家伙们吃掉的时候。

※ 139 竞争中成长

1976年底，凯马特公司自己出现了问题，他们从破产的格兰特连锁商店手中买下了他们留下的200多个商店场所，而且他们正为努力使之重新运转而忙得不可开交。不仅如此，他们当时似乎抱着一种回避任何变革的管理哲学，它在零售业这行已经行不通了。沃尔顿能肯定地说，对沃尔玛公司的担心已经从他们的优先表中降了下来，他有时回想起来，觉得沃尔玛在那个时期没有遇上哈里·坎宁安——或者凯马特公司现在的管理层队伍——实在是太幸运了，不管凯马特公司究竟发生了什么，到70年代末期在本顿维尔所拥有的这个管理队伍使公司能更好地应付随后的增长年代。大约与此同时，折价零售业的许多颇为兴旺发达的推销商开始不得不挣扎求生。美国经济在70年代中期不景气，而零售商之间的剧烈竞争逐渐将企图轻易赚钱的那类商人赶出了零售业。凯马特公司、塔吉特公司、沃尔玛公司以及一些地方性零售商经营得越有效率，这几家公司之间的竞争也就越剧烈，沃尔玛也就越能降低价格。

零售行业的毛利率已经从60年代初的大约35%逐步降至现在的仅22%。这一切几乎都代表着为那些光临折价商店购物的顾客们增加价值和节省开销。因此，那些经营不善的家伙，那些负债累累而又生活优裕、不关心下属员工的家伙，那些不努力争取最好的交易并把它们传给顾客的家伙，这些人都会陷入困境。当沃尔玛看到凯马特公司于1976年和1977年领先于他们的时候，他们决定通过收购一些勉强维持的折价商店来加快沃尔玛的扩张速度。

※ 140 收购行动

沃尔玛公司一直是立足本地进行经营，在这个时期他们的办公室里充斥着各种关于经营哲学的争论，为此沃尔顿经常改变立场，以至于使得参与的每个人都相当心神不定。对于沃尔玛第一次真正的收购行动，沃尔顿没有遇到太多麻烦，那是发生在1977年。沃尔顿的兄弟巴德和戴维·格拉斯谈妥了一桩交易，购买伊利诺伊州上面的称为莫尔价值（MohrValue）的小型折价连锁店。他们的每家商店年销售额平均为300万至500万美元，这似乎是将立足点伸向一些新的领域的一种好办法。沃尔玛关闭了其中5家商店，并将其余的16家改造成沃尔玛商店，这对沃尔玛的整个体系并无多大震动。它肯定一点也没有让他们放慢脚步，因为两年后，在1979年沃尔玛已拥有约230家街面商店，这时他们的销售额首次达到10亿美元。在他们曾达到的许多里程碑中，那可能是令沃尔顿印象最为深刻的一个。他对于沃尔玛公司变成了一家10亿美元的公司感到颇为惊讶。

沃尔顿看不出有任何理由可以就此停步不前，而就在此时另一个收购机会出现在他们面前。这次的收购引起了很大的争议，但它能帮助沃尔玛实现地域上的突破，这对他们的扩张非常重要。有许多东部人不太了解沃尔玛公司，甚至到现在仍把他们看作是一家“南部的”折价零售商。也许这是因为沃尔玛的总部设在阿肯色州，许多人认为该州属于南部的州，尽管实际上沃尔玛是较偏重于中西部的。或者也许是因为他们的南方人形象。然而事实是，直到1981年为止，他们在密西西比州东面已没有什么商店了。沃尔玛的商店主要集中于阿肯色州、路易斯安那州、密西西比州和得克萨斯州，但在田纳西州、亚拉巴马州、佐治亚州或南北卡罗来纳州则没有多少商店。

另一方面，库恩公司的大K连锁店已成为南部的一家相当大的经营商。这家以田纳西州纳什维尔为基地的公司在1920年前后只是一家杂货店，杰克·库恩和他的兄弟格斯已将这家公司转变为一个折价零售商店，并进行了一二次收购，使之成为一个拥有112家商店的连锁系列，以田纳西州为中心，但仍然在肯塔基州、亚拉巴马州、佐治亚州和南卡罗来纳州开展业务——而沃尔顿自己认为在所有这些州也能做得很好。他们的规模比库恩公司略大一些，彼此间都非常密切地注视着对方。那就像是以前的杂货店时代，当时像TG＆Y这样的连锁店不能进入另一家连锁店（如赫斯特德）的领地。库恩公司知道沃尔玛必须以某种方式进军南部，于是他们跨越密西西比河，在田纳西州的杰克逊开设一家分店，沃尔顿猜这可能惹恼了库恩。他们就以在阿肯色州的西海伦娜和布莱斯维尔开设分店作为报复。事实是，沃尔玛正在不断逼近库恩公司，而且他们的确干得比他们出色。实际上，他们已开始摇摇欲坠。他们举债建造了一幢高级豪华的总部大楼。而且他们已显示出一定程度的亏损。沃尔顿花了大量时间才下决心该做些什么。他希望在凯马特公司或其他人明白过来以前，抢先一步进入那个地区。它似乎是需要采取的一项重大的竞争行动。但沃尔玛以前还从未吃掉过类似这种规模的公司，因而他们不知道试着去消化它会有什么结果。沃尔顿对此反复考虑，来来回回斟酌了约两年时间。最后，某天早晨执行委员会坐下来对此事进行表决，而结果是支持和反对的人数各占一半。这个结果是合理的，因为它让沃尔顿有机会承担该决策的最终责任。整个事情实际上一直不很明朗，还伴有大量的争议。最后，沃尔顿投票予以支持。他们不知道如何着手将库恩公司纳入沃尔玛的体系，但他们安排保罗·卡特负责此事，有很长一段时期他一直来回穿梭于纳什维尔和本顿维尔。

※ 141 再一次创造辉煌

沃尔玛公司的所有人都没有想到沃尔顿会运用他的投票权，因为他已近很长时间都没有使用了，他说："我们就那样去做。"它对沃尔玛公司来说是一种新的事业。起初他们以为能够从纳什维尔经营一切事务，即把它当作一个独立的分部。后来他们改变了想法，并决定关闭那里所有的办公室，一切均由沃尔玛来管理。它是沃尔玛曾经从地理上到达的最远地区，而且现在回想起来，沃尔顿猜想从这里进行经营的决定对于他们今后如何经营这家公司具有巨大的影响，有利于所有的地区经理都立足于本顿维尔。

沃尔顿去大K连锁店时体重有190磅，而回来时只有165磅。这家公司对他们所有的参与人员来说都是一种斗争，而对整个公司则是经营范围的拓展。但沃尔顿没法肯定那种发展对公司来说会是一件坏事。杰克·休梅克将这种局势当作是在向外拓展情况下学会和实现沟通的一个机会。尽管这相当艰难，但大K连锁店的事情的确对这家公司有益。它就像是一个毛虫变成了美丽的蝴蝶。作为一家公司，自从他们从那次收购中走出来以后，他们实际上就已经准备展翅飞翔了。沃尔玛关掉了库恩公司的一些亏损商店，而且他们第一次试图利用外面的公司，即第三方分销商来供应沃尔玛的商店，而以前他们从来不这样做。然而一旦他们了解如何操纵管理，那次收购就会使沃尔玛得到极大的发展。正如你从数字中所能看到的，自此以后沃尔玛开始迅速膨胀，每年几乎总要开设100家新的商店，有些年份甚至超过150家。沃尔顿认为购买库恩公司的交易使他们具有一种新的信心，即他们能征服任何事物。沃尔顿不知道他们这里执行委员会办公室的人员是如何看自己的，但他知道他们对于自己让每个人来回奔走以应付冒出来的那么多问题的方式会感到灰心丧气。而沃尔顿却认为自己要比他们中大多数人更能把握住机会。在诸如购买库恩公司的决策这类事情上，沃尔顿尝试用数字玩一种“假设—结果”的游戏——如果结果有利，他就会支持；反之，他就会退出。当然，有时这也会将沃尔顿引向错误。

※ 142 错误的构想——超级中心

在80年代早期，沃尔顿游览了整个世界，考察零售业的全球竞争情况。他到过德国、法国、意大利、南非、英国、澳大利亚以及南美，并发现了一些吸引他的构想。沃尔顿对巴西那家巨大的广场（Carrefours）商店印象颇深，它促使沃尔顿开始在家乡推行一种称为超大型商场的构想——即在同一建筑内拥有杂货店和一般零售商店的巨型商店。沃尔顿去欧洲时对此进行了验证，回来以后就积极推行这个构想。他争辩说，国以外的每个商家都成功地发展了这个构想，而沃尔玛也应当像发起人一样进行参与。他确信这可能是下一个竞争的战场。最后，他们在达拉斯—沃思堡地区开设了两家超大型商场，一家在托皮卡，另一家在堪萨斯城。迄今为止，他们已经在本行业赢得了充分的尊重，因此凯马特公司紧跟在他们后面发展了自己的超大型商场构想，他们称之为美国集市。沃尔顿的超大型商场虽然还算不上是什么灾难，但也颇令人失望。这两家商场只能做到勉强盈利，这就教会沃尔顿如何将食品杂货业和一般零售业结合在一起，缩小其规模。于是一个称之为超级中心的构想出现了。

沃尔顿对超大型商场在这个国家所具有的潜力的预测则是完全错误的。他们为此还进行了其他一些类似的但却鲜为人知的试验，它们同样并未达到很好的效果。他他的折价商店发展到25家，后来们发现不能产生盈利而予以关闭。沃尔顿还在罗杰斯原来沃尔玛公司的大楼内成立了房屋维修中心，称为SaveMor，但是也没有成功。就像戴维·格拉斯所说的那样，一旦沃尔顿发现自己做错了一件事，就会赶紧去做其他的事。但是一旦让他试验成功，那就有得瞧了。

※ 143 萨姆俱乐部的开办

1983年沃尔顿的萨姆俱乐部开办时它只是试验性质，10年后，它已成为销售额达100亿美元的企业，拥有217家分店和巨大的发展潜力。萨姆俱乐部都是一些仓库型的大商场，瞄准的是一些小企业主和其他进行大众购买的顾客。客户只需支付一笔会费就可在萨姆俱乐部购物，许多有品牌的高质量商品都以批发价出售，从轮胎、照相机、手表、办公用品到鸡尾酒香肠和软饮料，应有尽有。如果你是第一次进去，你会觉得在那里购物会很有趣，在那儿工作的人员也非常卖力。就像以前的沃尔玛公司那样，只要顾客一开口，他们马上就去做任何事。同折价零售业一样，沃尔顿很遗憾地说他们不能享有创造批发俱乐部这个构想的荣誉。但是，如果你处在他们的地位，你就能了解为什么他们要从真正创造这个构想的人们那里进行抄袭。

那是在80年代初期，沃尔顿从事折价零售这一行已有将近20年了。只有高效率的经营商才能生存下来，因为价格和利润一直在逐步下降。忽然，他们发现有一群新的次级折价商以低于他们的价格出售商品，这些批发商的一般管理费用很低，因而利润可以压低至5%至7%，远远低于折价零售业的22%水平。原来沃尔玛的“每天最低价”使他们得以发展到这个程度，但现在已不是了，所以他们必须进入该领域。尤其是他们了解到折价零售业的创始人之一索尔·普赖斯也在实施这个构想。他于1976年创办了普赖斯批发俱乐部。

1983年的某天，沃尔顿到圣迭戈去拜访普赖斯。沃尔顿和他的儿子罗布一起见过他。但这次是他和海伦到西海岸参加一个大宗贸易商的会议，于是顺便拜访他，并与索尔和他妻子海伦一起在卢博克饭店共进晚餐。沃尔顿向他承认，上次他没有告诉他准备抄袭他的计划，但实际上已经那么做了。回来之后，沃尔顿跑到俄克拉何马市，以每平方英尺90美分（也可能只有75美分）租下一幢旧建筑。他们将它进行重新装修，然后召集一批原来在沃尔玛公司工作不是大有成绩的新人来进行管理。当时他们只有两三位买主。于是匆匆进行了一番规划设计，然后就将整个计划付诸实施。他们于1983年开办了第一家批发俱乐部。其感觉混乱而又兴奋，就像沃尔玛公司早期的情况一样。而且从一开始，他们特意将萨姆俱乐部的企业文化与沃马特的企业文化区分开来。沃尔顿选择的人员中有一个是罗布·沃斯。他在沃尔玛公司并未被当作优秀管理人才而看重，因为他总是离经叛道，有点喜欢煽动事端。

※ 144 俱乐部间的竞争

罗布·沃斯是萨姆俱乐部杂货部首席经理，当他当面告诉沃尔顿公司里有许多人自大得很，而他们必须了解他们准备自行采购。因此，某个星期六早晨沃尔顿召开会议并告知大家——这里直接引用他的话——“萨姆批发俱乐部将自行采购商品。如果沃尔玛公司的任何采购人员觉得可有所例外，并自认为是某一种类的采购员而应当为整个公司采购，我建议你最好到我办公室来，我们单独谈谈，我会详细解释其中的原因。”从那天起，沃斯就再没有遭到什么麻烦。他们很快接着在堪萨斯市和达拉斯各开办一家萨姆俱乐部，然后又在休斯敦开办了两家。其情况颇类似于沃尔玛公司，一旦他们让这五家立稳脚跟沃尔顿就知道可以继续发展，而他们确实那样做了。不管怎样它对沃尔顿是第二次挑战。他有机会重新建立一家公司，他努力做到亲自过问每件事情，当然戴维·格拉斯从一开始就出力甚多。

洛夫莱斯是沃尔顿从沃尔玛公司调来帮助开办萨姆批发俱乐部。由于我们是照抄普赖斯俱乐部的模式，因而有时他们只知照抄照搬而不知其所以然。他们将一个西海岸的构想引进中西部，但不知道它是否会被接受。沃尔顿记得有一种做法没有很好地照搬过来。普赖斯俱乐部的商店门前有许多葡萄酒摆着，他们在中西部的商店门口摆上同样数量的葡萄酒，但是后来发现中西部人不大爱喝酒。

俱乐部这一行业非常有趣。它非常基本和直接。他们从不做广告而且整个业务立足于推销那个构想。经营小生意的业主每年缴纳25美元的会费，就有一个及时交货的仓库，而且所享有的价格优惠同大公司一样，就像沃尔玛公司一样，沃尔玛的顾客逐渐了解并喜欢他们的企业文化。他们知道仓库里没有不必要的装潢，而开着铲车为他们卸货物的人可能就是经理。他们就喜欢这样。有时，批发俱乐部业的竞争会变得相当激烈。有一次沃尔顿在圣迭戈马里诺大街一家很大的普赖斯俱乐部内，像以往一样，他随身带着小录音机并对价格和商品零售的构想进行记录。一个高大的家伙走过来对沃尔顿说，“对不起，我必须拿走你的录音机并把你所录的内容抹掉。我们规定不能在店内使用录音机。”因此沃尔顿回答道，“我尊重你们的规定。但这盘录音带里还有我在其他商店收集的情报，我不想将它抹掉，让我写张条子给罗伯特·普赖斯。”——他是索尔的儿子。于是沃尔顿在上面写道：“罗伯特，你的员工太出色了。我用录音机录下了一些你们这里商品的情况以及我对你们商店的一些印象，结果他发现了我。我交出录音带，如果你想听，你当然有此权力，但我希望上面的一些其他材料能还给我。”大约4天后，沃尔顿从罗伯特那里收到一张措词亲切的便条以及那盘录音带，里面的内容完好无损。他真是太好了。

※ 145 调换职位

萨姆俱乐部的开设反映了沃尔顿另一方面的管理风格，它不仅适用于竞争对手，也能用于他们自己的员工。沃尔顿喜欢一直让大家去猜测。他不希望自己的竞争对手能轻易地预测出他们将要做些什么，同样他也不希望自己的管理人员有此感觉。沃尔顿一直强烈地觉得不断变动是有必要的，要让人们捉摸不定。

1984年时，处于沃尔顿这种位置的许多人可能会对当时情况感到心满意足。当时，他们的640家沃尔玛商店每年销售额达到45亿美元，盈利将近2亿美元，他们仍像燎原的野火一样迅速扩展，而且当时他们正在发展萨姆俱乐部。沃尔顿觉得他们必须有所改变。于是打电话给杰克·休梅克，那时他是沃尔玛的总经理和经营主管，问他是否介意同财务主管戴维·格拉斯调换职位。沃尔顿想，大多数公司的董事长不会有这样的要求。他仔细评估过他们两人的才能，他也有理由看看如此调换可能会有什么结果。杰克聪明自信，富于进取心，但有时对下属较严，因而沃尔顿想看看在戴维比较温和的作风下其他人会如何工作。杰克说他已知道他不想在沃尔玛公司一直待到年老退休，因此经过一番讨论以后，两人谈妥了这次职位调换。戴维担任总经理，而杰克继续留在沃尔玛公司3年担当财务主管，他的工作非常出色。现在，他从事国际咨询方面的工作，而且仍然是沃尔玛公司一名有价值的董事。当然，戴维则变成一位出色的总经理。5年前，沃尔顿将最高主管的头衔让给了他。那时，杰克也退休了。

※ 146 沃尔顿眼中的竞争

沃尔玛经营的过程中，虽然还算顺当，但也时常遇到困难，在这种时候沃尔顿并不会假装若无其事，因为那对每个人都有作用。这是一个高度竞争的行业，而沃尔玛公司更是竞争激烈。它自然吸引了许多怀有雄心壮志的人加入他们。从小时候玩足球开始，沃尔顿就相信各种各样的竞争都是有益的。他甚至希望员工们能相互竞争，但他痛恨把竞争变成为个人之间的私事，因为那样员工们将不会互相协助。

竞争实际上正是沃尔顿如此喜爱零售业的原因。沃尔玛公司的故事是竞争历史中是很重要的一章——而它也是这个行业进步的全部动力。永远会有挑战者冒出来。也许现在街上就有人在计划取而代之。若要保持领先于挑战对手的地位，他们必须不断进行变革，并且要经常看看追赶者以确定领先的计划。那也是几年前沃尔玛买下麦克莱恩公司（McLane）的原因之一。它是一家供应杂货店的庞大分销商，它应当为他们进入该市场打下良好的基础，那个市场的顾客们可接受沃尔玛做生意的方式。现在沃尔顿看到许多来自海外的新竞争者加入，他们都有非常精细的计划。有些来自荷兰、德国和法国的竞争对手应当仔细留意。

沃尔顿想不久就会有日本零售业构想蜂拥而来的浪潮。他不知道沃尔玛公司若仅是留在本国能否真正保持领先的地位。沃尔顿想他们在不远的将来会成为一家较具国际性的公司。他们在公司内建立了一个国际部门，并与一家称为CIFRA的墨西哥公司成立合资企业以筹建奥雷拉俱乐部（ClubAurrera），那也是一种批发俱乐部的构想。俱乐部已经开办了两家，并计划在短期内开更多家。将不同文化的人员迅速而平稳地吸收进沃尔玛公司将成为我们未来的一种真正挑战——但他们的员工肯定能做到。

在国内，折价零售业的竞争最近几年已有了很大的改善。沃尔玛的竞争对手对顾客的服务更为周到，结帐速度更快，而且商店内布置整洁、陈列得当。然而迄今为止，还没有竞争对手能够以他们这样的效率来经营如此大数量的商品。因为他们无法使成本结构降低到沃尔玛商店的水准，他们也不能使员工提供额外的服务，比如问候、微笑、协助和感谢，而沃尔玛的员工对此已养成习惯，而且他们在运输和库存管理方面也不如沃尔玛有效率。如果有人能在这些方面比他们做得出色，沃尔顿就真的会担心。不过目前，尚没有人能做到。

※ 147 自动化分销中心的建立

沃尔玛公司在分销和运输方面获得很大成功，因为高层管理人士把公司的这部分看作是一种竞争优势。而且他们以大量资本投资作为其后盾。有许多公司并不愿意在分销上花费金钱，除非他们迫不得已才那样做。而沃尔玛则花费大量金钱，因为沃尔玛公司不断证明它能降低他们的成本。对于了解沃尔玛公司来说，这是一个十分重要的战略要点。这里有些人感到有趣的是，沃尔顿在确立沃马待公司作为零售和分销技术的一家世界领先企业的声誉方面颇受人们的称道。这并非因为他们处境乐观。其实他们情势危急。他们感到有趣的是，自从沃尔顿于1966年进入IBM公司开办的学校以后，每当有人想要为这为那购买什么新的系统时，沃尔顿总要与他们争论一番。希望他们在找自己之前，对于是否值得花这笔钱要仔细考虑一番。然而，毫无疑问，沃尔顿能够将这家公司不断向全国拓展的主要原因之一在于，像戴维·格拉斯以及早先的杰克·休梅克和罗恩·迈那不断对沃尔顿施加压力，要他在技术方面大量投资。的确，沃尔顿曾经与他们争辩并加以阻止，但他最终还是签了那些支票。这样，沃尔玛在通讯和分销方面都得以领先于整个行业。

70年代末期，凯马特公司强烈抵制任何变革，他们的抵制也包括对零售系统方面的投资。与此同时，沃尔玛公司的人员则完全确信，计算机对于维持增长和降低成本结构来说是必不可少的。现在，他们的决策当然证明是完全正确的，以至于他们看起来就像是天才。事实上，沃尔玛的分销系统中所实现的效率和经济规模，恰恰就是他们最大的竞争优势之一。有许多人多年来一直为此作出贡献，但戴维·格拉斯对于他们今天所获得的分销声誉则出力最多。戴维想象出了自动化分销中心——由计算机将我们的商店和供应商联系起来——而且他于1978年在阿肯色州的瑟西着手建立了一个这样的系统。

※ 148 险遭灾难

在瑟西建立电脑分销中心的时间也许比沃尔玛所需的要晚大约两年，沃尔玛商店当时的问题是不能够扩张到离本顿维尔的分销中心350英里以外的地方去。由于后勤方面的问题，一些对他们持怀疑态度的人就声言，沃尔玛将永远只是一家局限于本地区的地方性中小零售商。为此沃尔顿努力争取建立瑟西中心，以此作为解决问题的途径。那确实是一个雄心勃勃的计划：他们的第一家远距离机械化分销中心。不幸的是，沃尔顿过于急功近利，以至于不得不匆匆将它投入营业，而他们面临的困境则把它变成一场灾难。它就像沃尔顿在哈里森所筹划的开张一样糟糕，而且甚至更为严重。

在建筑物还没有封顶时，沃尔顿就把货物往那里运，而且没有任何东西按照预期的那样运转——甚至连厕所也是如此。像他们的数据处理主管格伦·哈伯恩，还有保罗·卡特这样的人都在那里开铲车——直到哈伯恩撞倒一个货物搁架，并把Lister-ine牌漱口水泼得满地都是为止。那里的工作条件极其糟糕，而你紧接着听到的事就是工会正在组建起来。

那真像是一场恶梦，以致沃尔顿开始怀疑起这套分销系统来，他确实拿不准它究竟是否会起作用。所幸的是，就在那时他从本·富兰克林公司雇来了唐·索德奎斯特，而唐来了以后成为他们所尝试事业的极大支持者。他一直相信机械化分销，而且从1980年起他逐渐从沃尔顿手中接管了分销。他继续花大力气进行扩张，并且帮助引进了许多革新，包括一项迫切需要的新的存货管理系统。幸运的是，他们扭转了瑟西分店的局面并使之得以运转，因为我他们在盘下库恩公司的所有商店以后，瑟西这个分销点终于免遭灭顶之灾。但是需要给他们供应商品，而沃尔玛与一家第三方分销商订立的协议则成为一种灾难。因此他们在瑟西又建立了一家附属商店以满足他们的需要，这样就解决了问题。瑟西——他们今天绩效最为出色的分销中心之一——的确是打开整个销售体系的钥匙。一旦证明它能够起作用，沃尔顿就可以在任何地方重复这种模式，他们现在的分销体系不仅是本行业所有人的骄傲，而且也使其他许多人称羡不已。

※ 149 分销中心范围扩大

沃尔顿拥有20个分销中心，它们被战略性地安置在全国的各个销售区域——其中绝大多数离它们所服务的商店仍然只有一天的路程，或者是大约350英里范围之内。合起来算，它们占有1800万平方英尺以上的销售空间。沃尔玛商店备有8万种以上的商品，而且其中有85％的货都是由他们的仓库直接供应的，相比之下沃尔玛的竞争者只能达到50％至60％的水平。其结果是，沃尔玛的零售商从在计算机上开出订单到得到添货的时间间隔平均只有两天左右。而他们的许多竞争者则大约需要五天以上，他们无法通过自己的销售网络运送足够多的商品。时间节约和灵活性固然颇为出色，但光是成本节约一项就足以证明值得进行这笔投资。沃尔玛将商品运往商店的成本只有不到3%，而他们的竞争者相应则需要4.5%至5%。这里的算术非常简单：如果沃尔玛以同样的价格出售同样的商品，那么他们就能比竞争者多挣2.5%的额外利润。

当沃尔玛能拥有并且管理自己的销售和后勤渠道时，就比那些依赖第三方供应商的公司具有一种巨大的竞争优势。它能自动缩短你的交货时间，而且还能不断寻找办法来改善经营和努力变得更有效率。从来不必依赖其他人。当沃尔玛需要客户来订货时，这样就能作出安排和计划，以便在恰当的时间将货物运往商店。那就使沃尔玛的存货状况得以最大化，而这是至关重要的。除非能在客户需要时正好拥有产品，否则是无法创造出销售额来的。

※ 150 车队的组建

沃尔玛不仅将大量货物储存在自己的分销中心，而且还依靠自己的卡车运输队，其程度远远超过他们的竞争对手。他们自己的车队是全国最大的车队之一，甚至可能是最大的。戴维要求主管运输的副总经理李·斯科特试着在一天里找到车队的每辆卡车和拖车，只是为了证明他们能够做到这一点。为了需要具有的那种灵活性——即以超出他们要求那些局外人为自己所做到的那样进行反应的能力——需要那些像商店里的职员一样献身于为客户服务的司机。不错，沃尔玛确实有这样的员工。当你外出在高速公路上越过一辆沃尔玛公司的卡车时，你可以把所有的钱拿出来打赌说，那个坐在方向盘后的家伙是个真正的行家。他并非仅仅是在驾驶一辆卡车。他正致力于为那些商店服务，而且他知道自己就是沃尔玛公司以及代表他们公司的一切的使者。沃尔玛拥有美国最出色的卡车司机，而且他们的忠诚和勤奋态度深深地影响了这家公司。

沃尔玛的司机的确忠实于他们的使命，那就是为商店服务。他们不断地向沃尔玛公司汇报诸如看上去尚好的商品被扔在商店后面，商店里的态度和品行问题等诸如这类的事情。长期以来，沃尔顿通常总会在凌晨4点时带上一大包炸面包圈出现在司机休息室，并且坐在那里与他们聊上几个小时。他总是盘问他们。“你在商店里看到些什么？”“你最近有没有去过那家商店？”“那里的人干得怎样？”“它是不是越来越兴旺？”等等。这很有意义。司机们每周总要比公司的其他人接触更多的商店。沃尔顿喜欢他们的地方恰在于他们绝不像许多经理，他们并不在乎你是谁，他们总会告诉你他们的真实想法。

※ 151 分销中心的作业情况

整个销售体系运转如此出色的唯一原因就在于所有参与人员的贡献。技术和硬件只是工具而已。就像商店里的职员一样，销售体系中的人员坚信他们的主要工作就是照顾好顾客，只不过他们要供应的顾客就是沃尔玛商店或萨姆俱乐部有了那种观念作为一切事情的基础，培养出一种按要求调整以满足商店需要的独特能力。例如，直到最近，车队每天向97%的分销店运送货物。随后发现那对所有的商店来说并非一定是最好的，尤其是那些较小的商店。因此，现在他们采取了一种根据客户要求的送货计划，这样商店可以从四种不同的运送计划中任选其一。每隔6个月，每家商店决定它所偏爱的计划。此外，沃尔玛还有一种称为加急运送的计划，用于那些离某个分销中心有一定距离的商店。根据该计划，一家商店可以在星期一晚上订货，到星期二晚上就可以收到。在本行业中，没有谁能与沃尔玛相比。当这些分销中心开始作业时，那真是一番值得一看的景象。不去亲自看一看，就连沃尔玛自己也难以相信所有这一切。但他会试着向你描述其中某个分销中心的作业情况。首先，这是一个大约110万平方英尺的建筑物，其面积相当于23个美式足球场那么大，占地150英亩。从地面到屋顶堆满了你所能想象出来的各种商品，从牙膏到电视机，从卫生纸到玩具，从自行车到烧烤架，应有尽有。这里的每样商品都有条形码，有一台计算机负责追踪每箱商品的位置和移动情况，从它的储存直到运送出去。大约有600到800名员工在那里供职，他们每天24小时一刻不停地工作。这个建筑物的一头是一个带有装卸门的运输码头，那里同时可为30辆卡车装货——通常总是30辆同时装货。另一头则是收货码头，可能有135个供卸货用的车位。这些货物在仓库里大约8.5英里长的激光引导传送带上运入和运出，这意味着由激光器读出货箱上的条形码，并把它们引向当晚为其供货的任何一辆运货卡车上去。在某个繁忙的日子，这些传送带可能要运送大约20万箱货物。当一切以全速运转时，那只是在这些传送带上来回翻飞的一些盒子和条框的影子，红色的激光到处闪耀，把这个箱子引向那辆卡车，或者把那箱引向这辆。在外面的停车场，沃尔玛公司的卡车车队整天轰隆隆地进进出出。只要到这些销售中心去，与那里的职员交谈，与他们以及卡车司机一起喝咖啡，令人惊奇的是，他们总有许多改进系统的想法。

但是，若要了解公司的整个景象，重要的是应当认识到在另外19个几乎完全相同的分销中心每天都在发生同样的事情。他们不仅是在不断推广处理事情的方式，而且还必须经常规划兴建新仓库、培训新的仓库管理人员。这对乔·哈丁和他的部下来说绝不是轻而易举的小任务。也许在今后几年里他们需要30个这样的分销中心投入运转。它们已经处于草图设计阶段。

※ 152 卫星系统的建立

从戴维·格拉斯1976年进入董事会以后，他就一直敦促沃尔顿对该系统进行投资，幸好他总是很有说服力。与此同时，他与杰克·休梅克还极力主张对更多、更好的计算机系统进行大量投资，这样他们就能够对整个公司的销售、商品和存货情况进行追踪——尤其是那些店内的交易。当杰克1978年担任公司的总经理和经营主管时，他总是努力让沃尔顿投资于条形码和SKU项目控制，后者是一个计算机化的单位存货控制系统。杰克还积极参与卫星系统的建立，它后来成为沃尔玛的另一项重要竞争优势。

沃尔顿梦想建立一个交互式的通讯系统，凭借该系统你就能在所有的商店、分销中心和公司总部之间来回进行通讯。沃尔顿想出了使用卫星的主意。在80年代初期，对一家零售商来说实际上还不存在这样的技术。但他们与麦科姆—休斯公司（Macom & Hughes）进行了联系，并拟订了一份合同，最后他们以2400万美元建立了一个这样的系统。于1983年启动该系统，在最初两年里，卫星系统它并没有带来立即的成功。但总算让它运转起来，现在当然每一家公司都已拥有一个这样的系统。卫星后来证明是绝对必需的，因为一旦在商店里有了那些扫描仪，他们就能让所有这些数据通过电话线路送回本顿维尔总部。这些线路只有有限的能力，因此当沃尔玛开设越来越多的商店时，他们就的确存在着让职员从工作场所赶回总部的障碍。沃尔顿总是喜欢尽快得到那些数据。他们越快得到那些信息，他们就能越快据此采取行动。这个系统已经成为沃尔玛的一个重要工具，而我们的技术人员则出色地完成了让我们能得以最大限度地利用该系统的工作。

几年以前，沃尔顿在公司总部大楼旁边建造了这幢庞大的建筑物——大约占地13.5万平方英尺——只是为了容纳那些计算机，而当时每个人都告诉他，必需建造许多房间。沃尔顿是说在二三年前那里实际上还是空的。当然，现在那里已经装满了各种计算机设备。当沃尔顿追想起来，那已经不是什么奇迹了。他们花费了大约7亿美元才建成了目前拥有的计算机和卫星系统。据说这是世界上最大的民用数据库——甚至比美国电话电报公司的还要大。

这些对沃尔顿都无关紧要。他所喜欢的是它们能够一眼就从中获取的信息——即所有那些数字。从某方面来说，沃尔玛保存了储存在沃尔玛公司或萨姆商店的每个单项商品65周以来的周转历史。那意味着沃尔顿能拿起任何一样东西，比如他在此地办公室所用的电视机一盒式录像机组合，就可告诉你过去16个月里他们购进以及售出多少商品的准确数字。不仅有整体的情况，还有每个地区、每个区域以及每个商店的情况。若是让一家零售商比沃尔玛知道更多有关他的产品在他们的商店里表现如何的情况，那就太好了。但沃尔玛能在计算机内取出这些数据的程度会使他们具有强大的竞争优势。

沃尔顿能够步行进入那间卫星设备室，他们的技术人员在那里坐在计算机屏幕面前拿着电话与任何一家系统可能发生问题的商店交谈，只要从他们的身后看上一二分钟，沃尔顿就能知道当天进展的许多情况。从屏幕上，他能看到当天银行信用卡销售的累计发生总额。还能看到沃尔玛当天回收了多少张失窃的信用卡。知道他们的七秒信用卡认可体系是否像它应该的那样运转，并监督那天做成的交易数目。如果他们真有什么重要或紧急的事情需要与商店和分销中心交流——某些重要到必须进行一次个人访问的事情——或者沃尔玛公司的其他经理，都会走他们的电视演播室并打开卫星传输设备，把消息传到那里。每个星期六早晨沃尔顿都能进入那个房间，察看那些打印结果，并准确地了解本周所发生的情况。因此你看到，技术和分销就是沃尔玛公司得以发展壮大和维持控制的重要构成因素，就像多年来可能听到或读到的那样。但是当看到我们大楼外的碟形卫星天线，或者听说大楼里面的所有那些计算机，或者观看激光引导的分销中心的某盘录像带，不要让任何人愚弄了你。要是没有合适的管理人员，以及为整个系统尽心尽职的员工和卡车司机，所有那些东西都是完全没有价值的。

※ 153 发展壮大

不久前，有人让沃尔顿看了一篇1960年刊登于当地杂志的文章。其题目为《本年度的成功故事》，它描述了沃尔顿如何建立起一个9家杂货店王国的故事。然后该文章引用了沃尔顿的话，说他们可能不会继续发展，因为沃尔顿相信需要亲自监管这9家商店，而且他认为倘若不增加另外的经理，更多的商店可能管理起来有所“不便”。那么究竟是怎么一回事呢？凭着这样一种管理哲学沃尔玛怎么会发展成世界上最大的零售商呢？现在沃尔特仍然相信。他们找到了一种成长的方法，并且能保持盈利，因而就没有停止的理由。沃尔特管理企业一般总是保持个人亲自监督的方式——通常是定期乘飞机四处巡视商店。但是从一开始，沃尔顿也一直擅长于授权，总是试图雇用最好的人员来管理他们的商店。这种情况一直可以追溯至纽波特时期。

1945年沃尔玛买下纽波特的那家很小的前街商店时，他们已经历了许多大风大浪，但是我们所学会的每件事情，他们在将那家商店建设成一个令人尊敬的企业的过程中所采用的每条原则，它们都仍然适用于他们现在的公司。在过去30多年里，沃尔玛一直维持可观的增长，而没有遇到任何重大的财务危机或利润下降。这对其他公司是难以想象的。在那段时期，沃尔玛的生意以每年30%的速度增长，有些年份甚至达到惊人的70%。在整个过程中，一直有许多人在等着看他们倒闭或衰落——尤其是华尔街的那些家伙。他们说，一旦沃尔玛的销售额达到10亿美元以后就不可能再保持原来的经营方式，但他们还是老样子，而且一切运转正常；当销售额达到100亿美元时一切就会崩溃，因为不可能凭南方小镇的管理哲学管理那么大的一家公司。沃尔玛很快超越了那个目标，然后突破200亿和300亿，下一个财政年度他们可能达到530亿美元的销售额。两年以前，沃尔玛公司的利润第一次达到10亿美元，那比十年前仅有4100万美元跨越了一大步。下面这个图表，连沃尔顿自己看了也颇为惊讶。

1960年9家商店销售额达140万美元利润11.2万美元

1970年32家商店销售额达3100万美元利润120万美元

1980年276家商店销售额达12亿美元利润4100万美元

19901528家商店销售额达260亿美元，利润10亿美元现在沃尔玛已经成为全世界最大的零售商，而他们仍然像野草那样不断增长。每周，有大约4000万人在沃尔玛公司购物。去年，沃尔玛出售了许多男女用内衣和袜子，足以让美国每个人都分到一双仍有余。他们卖出了1.35亿件男用内裤、1.36亿件女用衫裤以及2.8亿双袜子。沃尔玛出售了全美四分之一的钓鱼线，大约有60万英里长，足以绕地球24圈。他们卖了5500万件运动服和2700万条牛仔裤，全美国20%的电话也是在这里出售的。还有一件沃尔顿很骄傲的事情：去年一星期他们所出售的自创品牌老罗伊牌狗食相当于1980年全年的数量。去年该牌子的销售额达到2亿美元，它已成为全美第二大品牌的狗食，而且只有沃尔玛公司才出售这种牌子。此外，普罗克特—甘布尔公司卖给沃尔玛公司的产品要比卖给日本全国的多。

沃尔顿一直想要成为世界上最好的零售商，而不一定是最大的。

事实上，沃尔顿总是有点担心规模大可能妨碍工作的出色完成。当然，规模大也有一定的优势。在他们的销售额达到110亿美元之前，许多供应商和零售商只把他们看作是阿肯色州偏僻地区的小店而未加重视。多年来，有些供应商甚至从未打电话给他们。现在，当然沃尔玛已经大到无法忽视，但规模大也会招致危险。它曾经毁掉了许多原本很好的公司——包括一些庞大的零售商——他们草创时颇为强盛，但规模扩大以后就狂妄自大，对顾客的需求不是茫然无知就是反应太慢。

※ 154 谦虚经营

沃尔玛公司规模越大，他们所考虑的东西就越是基本。因为这正是他们成为一家大公司的原因——即不能在行为上像是大公司。毕竟沃尔顿是小镇出身的商人，他们从来不敢忘记——尤其是当他们挺起胸膛夸耀沃尔玛庞大的销售额和利润时——这些成果是所有员工、商店经理以及分销中心的工作人员努力工作、保持态度和蔼以及发扬团队精神所创造出来的。如果沃尔玛因为是500亿美元销售额的大连锁店——而不是阿肯色州布莱斯维尔、密西西比州麦库姆或者田纳西州橡树岭的商店——从而得意忘形。从沃尔顿在纽波特开办那家本·富兰克林商店开始，就从没忘记看着顾客的眼睛，说声欢迎光临，礼貌地询问他需要什么。如果不是这样，他们应当转向其他别的行业，因为不可能在此生存下去。

沃尔玛公司一直强调谦虚经营，这与沃尔顿在纽波特经营商店时有关，那时他是创业家，也是社区的领导人物。他知道创业精神的重要，因而不希望失去它。他看到了本·富兰克林商店所发生的巨大变化，以及许多其他公司因为规模扩大和注意力分散而丧失了这种精神，他决心不让这种事情发生在沃尔玛公司。对沃尔玛公司来说，谦虚是一种生活方式，它几乎已成为一种习惯。而且，沃尔顿认为，谦虚谨慎的经营态度是任何企业都能靠它获利的一种方法。公司发展得越大，你可能越是迫切地需要它。以沃尔玛今天的规模，若作为一家中央管理的连锁商店来经营就会有许多组织和标准统一的压力，因为每件事情都由高层作出决定再交由商店去执行。在这种制度内，完全没有创造力发挥的余地，也没有像沃尔顿早期有本·富兰克林商店那样给新人留出的位置，更谈不上诞生创业家或推销商。沃尔顿痛恨在这样的地方工作，而且他每天都担心沃尔玛公司会变成那样。他每时每刻都盯着这里的人。当然，那些零售商和供应商都希望看到他们变成那样，因为那肯定会使他们的工作变得更为轻松。如果公司里有人认为沃马待公司不会发生什么大问题，沃尔顿希望他最好马上卷起铺盖辞职，因为他们总是小心提防任何事情。

数十年来，沃尔玛一直努力建立一家简单、高效率以及由基层把握方向的公司。一家零售商要像他们这样迅速扩展到全国各地的确很不容易。但在发展的过程中学到了一些有关谦虚经营的实际经验，并确立了若干对沃尔玛公司的成功产生重大影响的原则。在你完全了解为什么沃尔玛能够发展到今天这种地步，首先必须先了解这些原则，然后你就能理解沃尔玛如何将这些原则应用于公司的建设。

关于沃尔玛保持谦虚的五种原准则一点也不深奥，事实上，它们都是基本常识，其中绝大多数都能在任何论述管理理论的书籍和文章中找到——沃尔顿自己多年来常阅读和研究这些书籍。但是他想，他将这些原则运用于沃尔玛公司的方式略有一点不同。下面就是让沃尔玛公司保持谦虚经营的五种较重要的方法。

※ 155 每次只考虑一家商店

每次只考虑一家商店，那听上去非常容易，但它确是沃尔玛不断保持领先的要素。沃尔玛的销售额和收入不断增加并不意味着他们比别人更聪明，也不是由于他们规模发展到这么大才使这一切发生。它只是表明沃尔玛的顾客在不断地支持他们。如果顾客停止支持，他们的收入就会消失，员工就要面临失业。因此他们知道自己应该怎么做：即不断降低价格、改善服务以及让那些在我们商店购物的人满意。这些事情不是从主管办公室下命令就能全面做到的，必须逐个商店、逐个部门、逐个顾客、逐个员工地进行。例如，沃尔玛在佛罗里达州的巴拿马城有一家商店，而在5英里外的巴拿马城海滩另外又有一家商店，但是实际上这两家店的零售商品组合以及顾客来源都截然不同。它们是完全不同的两类商店。一家是为去海滩的游客而开设，另一家则是较普通的沃尔玛商店，供居住在城内的居民购物之用。那就是为什么沃尔顿尽可能在每家商店都安置一个零售商负责，并把其他一些零售商培养成商店各部门的主管。只有让现场的零售商承担管理职责，零售商品组合才会真正合乎需求，因为只有他们才是一年四季面对顾客的人。那就要求管理层人员必须倾听外面店员的意见。

沃尔玛在本顿维尔就有这样的采购员——有218人——而且一直

提醒他们，他们真正的工作是去协助商店内的店员。否则，如果你拥有的是与每家特定商店的顾客脱节的总部推动体制，结果巴拿马城海滩商店内就会有一大堆卖不出去的工作靴、工作服和猎枪，而那里的顾客却需要水枪、钓鱼竿、提桶和沙铲；而市内的巴拿马城商店则堆了许多因卖不出去而积满灰尘的海滩用品。因此当他们在星期六早晨的会议室坐下来讨论业务时，总喜欢集中于一家商店，看它如何应付那个市场的竞争对手。他们讨论这家商店的做法，哪些是对的和哪些是错的。同时也必须对该公司的每个细节详加讨论和考察。沃尔顿不知道其他大零售商——如凯马特公司、西尔斯公司、彭尼公司——是否也在周末讨论某一家店的销售情况，而不是只谈整个地区的销售状况。而他们则讨论每个单独的商店。它就意味着可能讨论的是亚拉巴马州多森或伊利诺伊州哈里斯堡的商店，每个人都期望要对那家商店有所了解——如何衡量其绩效，增加20%应该算好还是坏，工资状况如何，竞争对手是哪些人以及沃尔玛该如何应付。沃尔顿经常以最小的营运单位为讨论对象，这样他们就能保持谦虚的态度。没有其他公司会那样做。集中于单独一家商店能够完成许多事情。首先，它能真正改善那家商店。但如果在此过程中，他们恰好掌握了巴拿马城海滩的沃尔玛商店以某种优于竞争者的手法促销海滩浴中，那么他们就会很快将此信息推广到全国其他的海滩商店，检验它在其他地方是否适用。

※ 156 沟通再沟通

如果你必须将沃尔玛体制浓缩成一个思想，那可能就是沟通，因为它是沃尔玛成功的真正关键之一。他们以许多种方式进行沟通，从星期六早晨的会议到极其简单的电话交谈，乃至卫星系统。在这样一家大公司实现良好沟通的必要性，无论如何强调也是不过分的。如果你想出销售海滩浴中的好办法，却不能告诉公司内的每个人，那又有什么用呢？如果佛罗里达州圣奥古斯丁的商店店员到冬天还不能得到巴拿马城的信息，他们就会错失良机。而且如果本顿维尔总部的采购员不知道今年夏天海滩浴中的销售量可望翻倍那些商店就会没任何东西可卖。现在，沃尔顿把有关信息共享方面的管理文章看作是公司力量的新的源泉。当沃尔玛仅有几家商店时就已经这样做了。那时，他们认为商店经理应该知同其商店有关的每个数字，后来各部门主管也开始分享这些数据资料。他们在扩展过程中始终坚持这么做。那也是为什么他们将数亿美元投资于计算机和卫星系统——即尽可能快地将所有细节情况在整个公司内散播。这是非常值得的投资。正因为有了信息技术，沃尔玛商店经理才能真正清晰地了解大多数时间内的经营状况。他们将各种信息通过卫星以极快的速度传送出去：比如其每月的损益报表、能够说明他们商店内出售些什么东西的最新的销售数据。

沃尔顿并不是自称他们在沟通方面完美无缺。他们也有沟通失误的地方，就像那次运送月亮馅饼到威斯康星州的商店一样，其实那里并不缺货，而且有时态度与科技同样重要。例如，沃尔玛一直执行这样一项规定，沃尔顿希望永远不要将它废弃：即本顿维尔总部的采购员必须先回商店的电话，然后才能回供应商或其他人的电话，而且一定要在接到电话当天的日落之前回电。显然，沃尔玛的规模太庞大了，不可能让每家沃尔玛商店的每个部门主管把大量时间花在本顿维尔的供应商身上，所以沃尔顿试图想出能达到同样效果的方法。最近，沃尔顿为部门经理们开办研讨会。他们会挑选一个部门，如体育用品或园艺用品部，然后从每个地区挑选一个部门主管——这些人是实际经营商店内该商品部门的全日制员工。现在总共有184人。这些员工将所有人集中到本顿维尔，让他们告诉采购员该买什么和不该买什么。然后，他们会与供应商见面，说明其产品有何优缺点。同时，所有人一起制订下个季节的计划，然后这些部门主管带着他们从邻近商店的同僚那里学来的东西各自回自己的地区。虽然沃尔顿经常去各家商店视察，也常常召集员工到本顿维尔来，但有时沃尔顿总感到辞不达意。如果那是一个他感到非讲不可的主题，沃尔顿就会马上到某台电视摄像机前，通过人造卫星向聚集在他们各家商店休息室的电视机前的所有员工讲话。

几年前，在圣诞节时沃尔顿突然有一个构想，他想将这个构想告诉大家，于是走到摄像机前同大家谈沃尔玛的销售状况以及自己所追求的目标，并祝他们节日期间一切顺利。接着沃尔顿进入正题说道：“我想世界上其他任何零售商不可能做到我向你们所建议的事情。这其实很简单，也并不花费什么。而我相信它能创造奇迹，对我们的顾客绝对是一种奇迹，而且我们的销售额会直线上升，我想一二年内我们就能超过凯马特公司，甚至可能超过西尔斯公司。我希望你们跟着我宣誓，我要你们保证，无论何时，当你与顾客的距离在10英尺之内时，你必须看着他的眼睛，问候他并询问他需要什么。我知道你们有些人只是天生害羞，或许不愿意去打扰他人。但如果你照我的话去做，我肯定它能帮助你成为一个领导者。它会帮助你的人格得以发展，你就能变得更加外向，过一段时间你就可能成为该商店的经理、部门经理或地区经理，或者是本公司内任何你想要的职位。这会给你带来奇迹，我保证。现在，我要你们举起右手——而且要记住，在沃尔玛公司我们从来说话算话——跟着我念：从今天起，我庄严宣誓并做到，每当顾客与我相距10英尺以内时，我必定笑脸相迎，看着他的眼睛并问候他。萨姆帮助我。”现在，沃尔顿还无法知道这么一点的沟通会对沃尔玛的员工或顾客产生什么样的效果。但他感到确实有必要通过卫星来提醒大家做到这点，而且沃尔顿说全国没有其他的零售商能够做到也是真心话。他知道许多员工已开始照他所建议的去做，而沃尔顿确信许多顾客对此也颇为欣赏。他们运用大众传媒来传播这个构想，但这是一个很小的构想，针对的是第一线的员工，他们才是使顾客满意并让他们不断光临的责任承担者。沃尔顿不敢说他这番鼓舞士气的讲话同公司发展有多么密切的联系，但是从那年圣诞节算起，沃尔玛的销售额超过凯马特公司和西尔斯公司所花的时间比华尔街最乐观的分析家所估计的还要早两年。

※ 157 倾听最基层的声音

作为沃尔玛公司的董事长，在技术方面的投资支出当然由沃尔顿本人完全负责，而这种投资对他们的成功至为关键。但是坦率而言，沃尔顿从未将计算机看作必需的管理费用。一台计算机无法——而且绝不可能——替代到商店巡视和学习的功效。换句话说，一台计算机能够告诉你已经售出了多少，但它绝不能告诉你将可以售出多少。这就是为什么沃尔玛公司始终坚持他们的经理和采购员必须离开本顿维尔这里的办公室，到各商店内巡视的原因。在阿肯色州罗杰斯机场的飞机库里，他们有12架飞机——沃尔顿可以很自豪他说，其中只有一架是喷气机。这架飞机经常在空中飞来飞去，以便能倾听基层的声音。

1960年沃尔顿说不想再继续扩展管理那9家商店所采用的出差制度。他总是乘那架旧飞机，每周去那些商店了解哪些商品卖得好，哪些商品卖得不好，有什么样的竞争对手，经理的工作表现如何，商店的面貌如何以及顾客们心中有何想法。当然，自此以后沃尔顿对商店的巡视几乎从不间断，这是他最喜爱而且觉得自己作出了最大贡献的工作，但现在沃尔玛已拥有将近两千家商店，许多同事须为沃尔顿分担这项工作。今天，他们的构想几乎完全一样。地区经理所做的工作与沃尔顿1960年所做的完全相同——真正亲自处理店内的一切事务。然而，沃尔玛有18名地区经理，他们都以本顿维尔作为基地。每个星期一早晨，他们蜂拥进入飞机，前往他们分管的地区视察商店，这是聘用的条件。他们外出三至四天，通常会在星期四回来。然后他们与公司的高级管理人员——这些人早些时候也视察过一些商店，如果他们想问一些明智的问题或者想知道第一手材料——聚集在一起召开星期五的业务会议。当然，除了实地调查以外，会议中还会有计算机的打印输出结果，然后就会知道哪些商品卖得出去，哪些卖不出去。然而会议中真正有价值的情报还是每个人从商店里带回来的信息。如果他们工作得出色，他们就会知道为什么那些商品会畅销或滞销，以及随后沃尔玛应当出售什么商品或是将它从货架上撤除。如果他们到巴拿马城海滩的商店看到那里防晒油的展示效果不错，就可以将此方法告诉其他地区的海滩商店。如果他们到里奥格兰德瓦利的大型商店，发现那里女装的销售遭到竞争对手的挫败，因为对方的品种搭配更适合该地区的特定品位，那么对此就能进行调整。会议结束以后，这些地区经理应当立刻打电话给分区经理，再由他们告知各商店经理，商店经理会要求部门经理马上采取行动。

星期五的业务会议对零售业来说是极其独特的。在这个业务会议上聚集了所有的地区经理，他们已经进行了一周的实地调查——他们是直接指挥商店经营的管理人员。然后，沃尔顿召开所有在本顿维尔的采购员——他们为那些商店进行采购。在零售业，经营人员和采购人员总会存在一种传统上的直接对抗。经营人员就会说，“有谁会来买这种东西？它根本没有用，我们不会出售的。”然后采购人员会反驳说，“那件商品并没有什么不好。只要你们好好陈列和促销，它就会供不应求。”到处都是这样的情况，包括沃尔玛公司。所以他们每星期五要请他们一起坐下来好好讨论。同时也会碰到一些棘手的事情。但沃尔玛有一条准则，他们从不让某一事项悬而不决。即使是错误的，他们在会议中也要作出一种决策，而且有时确是这样。当每个人走出会议室时，你对这件事情谁赞成谁反对会有一个明确的印象。一旦他们在星期五作出了决策，他们希望所有商店在星期六就予以执行。在这里，他们不让人们说这样的话，“让我们考虑一下。”我们作出决策，然后马上付诸行动。一旦这些地区经理星期四回来以后，他们就会让飞机载上一些采购人员，将他们送出去拜访个别的商店。随着沃尔玛的日益壮大，他们想出了各种方法以使采购人员保持对商店需求的供货反应。现在，他们拥有称为地区采购员的员工，他们协助商店经理针对各自商店的需要进行采购。沃尔顿最喜爱的一项采购计划称为“吃吃自己做的菜”。每个季度，每个采购员都必须去一家不同的商店，并在他们所采购商品的部门担任几天的经理。沃尔顿敢保证，一旦他们吃过几次自己做的菜，就不会把许多月亮馅饼运往威斯康星州或送到堪萨斯州的海厄瓦萨。

※ 158 将责任和职权下授

沃尔玛这家公司发展得越大，就越有必要将责任和职权下授给第一线的工作人员，尤其是清理货架和与顾客交谈的部门经理们。当公司规模还较小时，沃尔顿可能没那么快想到授权这个问题。但作为管理理论的勤奋学习者，他在70年代时开始阅读W.爱德华兹·戴明的著作，他是一位著名的统计学家，他教了日本人许多有关提高生产率和竞争能力的知识。后来，海伦和沃尔顿去日本和韩国旅行，那使他想出一套不同的做法来改进公司的经营。那可能是沃尔顿第一次想到可以用某些方法来加强他们的团队精神以及将更多的权责授给商店里的员工们。沃尔玛公司做到这点的著名方法实际上是教科书中关于谦虚经营的范例。将其称为“店中有店”（StoreWithinaStore），它其实非常简单。

许多大零售公司的部门经理，通常只是一些按时打卡上班，然后打开纸箱将商品放上货架的雇员而已。但是沃尔玛让这些部门经理们有机会在竞赛的早期阶段就能成为真正的商人。即使他们还没有上过大学或是没接受过正式的商业训练，他们仍然可以拥有权责，只要他们真正想要获得，而且努力专心工作和培养做生意的技巧。许多人因工作经验而激起雄心壮志，他们半工半读完成大学学业，随后又在公司内逐渐升任要职，沃尔顿希望有更多的人能够这样。同样，沃尔顿以前早就决定将各种信息在公司同事内分享，而不是将每件事都当作机密，只有这样授权才能起作用。

“店中有店”的方法是让所有沃尔玛分店的部门经理管理他们自己的业务，有时其营业额实际上比最初的沃尔玛商店还要大。所有的资料，如货物的成本、运输成本和利润都是公开的。并且让他们知道他们的商店在公司排名情况如何，并且提供刺激手段，鼓励他们去争取好成绩。沃尔玛公司一直尝试在自治和控制之间实现最佳的平衡。同任何大零售商一样，沃尔玛公司当然有某些规定是要求各家商店都必须遵守的，有些商品也是每家商店都要销售的。但他们还是逐步保证各家商店拥有一定的自治权限。订购商品的权责归部门经理，促销商品的权责则归商店经理。沃尔玛的采购人员也比其他公司的人员拥有更大的决定权。但是他们的这些权力优势也会受到一定的限制，因为不能让他们过分自大，以为自己无所不能。然而，事实是沃尔玛的采购人员——就像商店内的员工们一样——在承担职责方面处于零售业的领先地位。

※ 159 促使员工提出各种想法

促使员工提出各种想法，这与将权责下授是相一致的。他们总是在寻求新的方法，以鼓励商店里的那些员工能够通过整个制度将他们的想法提上来。他们经常在星期六早晨的会议上这样做。在会议上会邀请一些有真正能改进其商店经营的想法的——如某项特别商品或特殊的展示——员工来和大家分享他们的心得。“创数量商品”（VolumeProducingltem）比赛就是他们如何将它付诸实施的一个绝好的例子。每个部门经理级别的同事都能选择一项他们愿意促销的商品——并带有大幅的展示招牌或其它什么，然后看哪项商品创造最高的销售数量。沃尔顿一直认为，“创数量商品”竞赛不仅只是刺激销售的方法，而且还是教导同事们如何成为好零售商的方法，让他们知道如何去挑选一项可供应的商品，并想出创造性的办法去促销或采购它们。这也使他们有机会去做以前曾做过的事。他们可以做任何疯狂的事情，比如可在商店中央装饰起一棵树，上面除挂满玩具长毛猴外，还可将要促销的商品也挂上去；或者将一辆货运小卡车开进小胡同并在上面装满洗车用的海绵进行促销。并非只是从员工那里寻找零售构想。

沃尔玛公司最近的努力是一项称为“是的萨姆，我们能够”的计划——顺便说一句，沃尔顿还不知道该如何给它命名。同样也邀请了那些想出节省金钱办法的员工们来参加星期六早晨会议。迄今为止，他们估计从这些构想中每年可以节省大约800万美元。而且其中绝大多数想法都是普通常识，只是大家都认为沃尔玛公司已非常庞大就没有必要再那么做了。它们都是一些由谦虚经营而产生的想法。其中沃尔顿最喜爱的一条建议来自他们运输部门的一位员工，她对于拥有全美国最大私人卡车车队的沃尔玛公司却要由运输公司来将他们采购的所有物品运进货栈感到大惑不解。她找到一种用自己的卡车运回这些东西的办法，并为沃尔玛公司一下子节省了50多万美元。因此沃尔顿把她叫来，认可了她的出色构想，并给予她现金奖励。当沃尔玛公司的员工已达到40万时，显然还有更多的好想法等待着他们去采纳。

1980年，沃尔顿和汤姆走进路易斯安那州克罗利的一家沃尔玛商店。他们推开门首先看到的就是站在那里的这位年长绅士。那人不认识汤姆，也没看到沃尔顿，但他们微笑着说道："嗨！你们好！很高兴你们能光临本店。如果你想知道关于我们商店的情况，请告诉我。"沃尔顿和汤姆都从未遇到这类事情，于是他们开始同他交谈。当然，一旦他知道同他说话的人是公司董事长，他解释说他这样做有两重目的：一是让人们进门能有好印象，二是防止人们不付钱就带着商品出门。事实证明，这家商店在店内物品失窃方面确有麻烦，而该店经理丹·麦卡利斯特是一位老资格的商人，他知道该如何来照看他的存货。他并不想在门口安置一名警卫，那样会吓走诚实的顾客，但他希望留下明确的信息，即如果你进店行窃，会有人在那里看到。

沃尔顿觉得那是他听到过的最好主意。他径直回本顿维尔，并告诉每个人沃尔玛也应当在每家商店门口安排迎宾员。当时有许多人认为他简直发疯了。沃尔玛的人觉得在门口安排人员是浪费金钱。他们只是未能看到沃尔顿和汤姆所看到的——即迎宾员会为诚实的顾客们送去一个温暖、亲切的问候，但对小偷则能起到一种警告作用。他们对此一直表示反对。有些人努力说服沃尔顿放弃它，有些人则试图忽略它。沃尔顿只是不断推行该想法。每个星期，每次会议，他都会谈到迎宾员。每次当他走进一家商店而找不到一个迎宾员时，他就会发火。渐渐地，他说服了每个人接受他的做法。那可能要花上一年半时间，因为他们的确表示反对。但沃尔顿坚持已见。

1989年沃尔顿的这一想法变得更为坚定，当时他走进伊利诺伊州的一家凯马特商店，发现人们在店门口也安排了迎宾员。如果说迎宾员是多年来他从员工那里汲取的唯一好想法，那么沃尔顿仍然要说的是，访问商店和倾听员工的意见可能是沃尔顿作为总裁对时间的最有价值的利用。但是事实上，他们最好的想法通常的确来自于商店内的员工。但是，迎宾员的想法却是一个例外，因为沃尔顿一般并不倾向于那些要求增加人员和费用的想法。保持精简，反对官僚任何时候，一家公司若要像沃尔玛公司那样迅速增长，它就会产生许多重复的机构，而且会有可能不再需要的商业领域。没有一个老板或雇员会真正喜欢这类事情，这是人类的天性，没人希望裁掉自己的工作或者裁掉自己员工的工作。但是公司最高管理层绝对有职责随时考虑此问题，以确保整个公司有一个稳定的未来。沃尔顿在处理这个问题的某种方法是，坚持遵循当他们只拥有五家商店时所采用的相同原则。那时，沃尔顿试图以2%的一般管理费用结构来进行经营。换句话说，用2%的销售额就足以支付沃尔玛公司的采购费用、一般管理成本、沃尔顿的工资和巴德的工资——以及他们开始增加地区经理或任何其他公司职员后所增的工资。不管人们相信与否，从五家商店发展到两千家商店，沃尔玛从未更改过那条原则。实际上，沃尔玛今天经营的一般管理费用百分比要比30年前低得多，而且那还包括计算机支持和分销中心维持所需的大量费用——尽管它不是分销中心运营的实际成本。的确，它包括了他们从中心为各家商店提供供应支持的每项费用。有些零售业的人士曾询问沃尔顿从何得出2％的原则，事实上他是凭空想出来的。在早期，大多数公司支出其销售额的5％来进行一般管理。但他们总是力求精简。他们用较少的人员经营，而且人干得比其他公司员工多。沃尔顿想他们大家都起早摸黑地干。那一直是沃尔玛的传统——也是他们的癖好，即他们要比竞争对手更具生产力、效率更高。而且沃尔玛已实现了该目标。许多第一次来访的客人都会对沃尔玛经理人员的办公室感到惊讶。大多数人说，沃尔顿和沃尔玛公司所有其他经理人员的办公室就像是在卡车终点站所能找到的那种司机休息室。他们都在一幢单层的、办公室兼货仓的建筑物内工作。办公室绝对不算大，四周墙壁是廉价的护墙板。他们从来没有豪华家具或者厚厚的地毯，也没有专为经理人员设置的酒吧套间。但沃尔顿同大家一样都很喜欢这些办公室。他们肯定得不到什么室内装潢奖，但却是他们所需的一切。只要问问沃尔玛的股东就知道了。

如果你不是经常精简你的人员，你很自然就会培养起层层的机构。你绝不会准备增加机构，但它们仍会不知不觉地形成。因此你必须始终努力削减它们。你知道，当汤姆·沃森爵士在经营国际商用机器公司（IBM）时，他决定从沃尔顿到公司的最低层不应超过四个层次。那可能就是国际商用机器公司得以成功的最大原因之一。其中的许多道理可追溯至戴明先生多年前教导日本人的话：从一开始就做对。当你在一家公司遇到问题时，最自然的倾向是找出解决它的办法。经常情况是，那个解决办法无非就是增加另一个层次的机构。你所做的应该是到问题的源头去解决它，有时那就需要解雇失职者。

当零售商品到达某家商店的后门时，它应该标有准确的价格或者当场准确地标上价格。但由于这项工作经常不能很好地完成，于是沃尔玛创建了称为测试扫描员的岗位，让这些带着手持扫描仪的人员在商店内巡视以确保每样商品都标上准确的价格。这就是那些商店里的另外一个层次，而沃尔顿巡访各家商店时从不问他们是否真正需要这些人员。当然，现在仍然还有一些测试扫描员，但他们所做的是要仔细检查从办公室运往商店后门的过程，以确保他们能够更经常地从一开始就做对，而且在此过程中就可从公司的每家商店中削减一两个办事人员。那是一大笔金钱。的确这是一种相当简单的经营哲学。你所必须做的只是从灰尘中画出一条线，并使官僚机构保持在那条线之后。随后，你知道一年以后它肯定又会跨越那条线，而你必须从头再来。沃尔顿猜想，他之所以强烈地感到不能让自负在沃尔玛公司冒头，其中一个原因就是有许多官僚机构实际上是一些公司王国创建者自负的产物。有些人总倾向于在他们周围安置大量职员以强调他们自身的重要性，而在沃马特公司绝不需要这样。如果你不是为顾客服务，或者支持那些这样做的员工，他们就不需要你。当他们谦虚经营时，总是力图警惕那些非常自负的人。你并非一定要具备一种谦逊的自我才能在此工作，但你最好知道使自己显得谦虚，否则你可能就会陷入麻烦。因此，现在你想必已知道我说的“只有从小处着想谦虚经营，公司才能发展壮大”是什么意思了。的确，沃尔玛公司能够始终坚持这点是毋庸置疑的，并且到2000年时实现了1000亿美元的销售额。那真是一项挑战。以前还从来没有人做到过这样的事情，但沃尔玛的员工做到了。

※ 160 回报社会

沃尔顿相信，每种权利都是一种义务，每个机会都是一种责任，每项财产都是一种职责。到现在为止，对于多年来沃尔玛经营重点究竟是什么，他已经给了你一个较清楚的印象。沃尔顿一直致力于成为最好的零售商。创造庞大的个人财富从来不是他的目标，其证据在于这样一个事实，即使到今天，沃尔顿和他的家人的财富仍然全部是沃尔玛公司的股票。他想大多数人处于他们这种地位，早就将金钱转移并分散到各种其他的投资。正如事情所发生的那样，他们这种非常简单、非常个人化的投资策略已经证明比任何人所能预期的还要好。因此，沃尔玛公司的股票使沃尔顿家族成为一个非常富有的家族——尽管只是在纸面上而已。沃尔顿不否认，他处理财富的方法是非常单纯的。他一直把心思放在经营沃尔玛公司的商店和萨姆俱乐部上面，沃尔顿从来没有把时间和精力花在考虑如何处理家族的财富。也许这是因为他们从未打算出售股票。即便这样，每年股票的红利收入越来越多，那笔收入才是他们真正可以动用的财富。他们从不给不相干的陌生人任何好处，这一点是决不会改变的。

沃尔顿不觉得因为他们有钱，任何个人的问题或是社会的问题，甚至整个国家的问题，他觉得有责任出面解决。然而，只要有正当的理由，他们愿意尽可能利用个人的资源，以他们认为最好的方式，协助最需要帮助的人们。沃尔顿家族的赠予覆盖了许多方面，遍及许多组织，而重点则在于教育。绝大多数的捐赠是匿名的，或是要求不公开捐赠者的名字。

除了许多教育机构以外，沃尔顿家族捐赠的对象还包括教会组织，以及社区的建设项目，如动物园、图书馆、休闲设施等。他们还赞助医院、医学研究计划，以及艺术团体、剧团、交响乐团。他们也捐钱给环境保护团体、退伍军人组织、经济发展团体，以及自由企业团体，并资助公私立学校。由于捐赠几乎都从家乡开始，所以许多受赠的社区或机构，都是与海伦、沃尔顿或是孩子们有密切关系的。但是他们也赞助全国性的组织，或是纽约与华盛顿等影响全国的大都市里的各种活动。海伦对许多机构的赞助都很积极，其中包括基督教长老会、欧扎克大学、国立女子美术馆等。沃尔顿支持的团体有“公民反政府浪费组织”、“自由企业学生组织”以及“阿肯色州商业协会”——商会的会员们坚持把它称做“体面服装俱乐部”。

※ 161 特殊奖学金计划

沃尔顿和海伦也举办一些他们全力参与的活动。过去10年，他设立了一个特殊奖学金计划，帮助中美洲的学生到阿肯色州读大学。目前约有180名学生，分别在三所阿肯色州的大学注册就读，他们每年支付每名学生13000美元用于学费、交通、书籍和住宿。他们在中美洲旅游时就想到了这个计划，而且当他们知道苏联和古巴将他们的价值观灌输给来自其他地区的孩子，决定在美国也应传播他们的价值观。他们希望孩子们了解自由企业制度的无限潜力，而且让他们自己看看一个安定的民主政府的各种优点。此外，这能帮助那些孩子们就学，否则他们可能就没机会接受大学教育，而且他们回国之后可能有助于解决国内经济发展的问题。也许其中有人日后在洪都拉斯、巴拿马或危地马拉，甚至尼加拉瓜，将经营沃尔玛公司或萨姆俱乐部，这也说不定的！沃尔顿家族还在家乡提供沃尔玛公司员工的子女，每年6000美元的奖学金，名额70人。到目前为止，沃尔顿他们觉得自己所做的一切还算不错。但是还有更大的问题，最近他也一直在想这个问题。作为一个家族，他们一直在规划如何分配利用他们目前所拥有的财富，但是真正的问题是在沃尔顿去世之后。海伦和沃尔顿希望在数年之后，至少同目前家族资产等值的金钱，要捐赠给非盈利性组织。教育一向是他们最关心的问题，它也是最令沃尔顿担忧的问题，因为这关系到国家的未来。作为一个国家，他们必须和世界各国竞争，而教育过程对于他们成功地保持竞争能力具有更大的影响。除非我们尽快将教育导入正轨，并且重新建立足以和世界其他国家相媲美的制度，否则国家未来的前途令人担忧。坦率地说，沃尔顿希望教育能进行全面改革。他们将目标放在市区内的学校，以及像密西西比三角洲之类乡村贫穷地带的学校，要想办法予以改进。他们必须在学前教育阶段就开始改革，找到改变孩子们环境的方法，让他们有机会留在学校里并对教育感兴趣。他们还必须看到许多单身父母把孩子们留在家里无人照看的后果，并找出协助他们鼓励孩子求学的办法。

由于沃尔顿家族把重点更多地放在教育改革，所以他们一直小心从事。虔诚地相信沃尔玛公司做事的方法，而且他们需要有一套方法能评估公司投资的成败。他们认为传统慈善基金会的运作方法并没有达到预期的要求。有些人夸耀自己做了许多善事，但是沃尔顿想许多基金会只是出于避税的目的而创立，不是真正想做善事。有些基金会人员不多，却是行政手续繁复，官僚作风浓厚。这两项正是沃尔玛公司力图杜绝的对象，因此他们成立的非盈利机构自然也不希望如此。沃尔顿坚信，不管赞助什么样的活动，都应该具备相同的价值观。例如，他们提供大学奖学金，总是要求获得奖助的学生必须是半工半读。沃尔顿自己也喜欢雇用半工半读的学生——无疑这跟他自己的背景有关。其中的奥秘在于，这样做可以激励那些未受过教育的孩子完成学业，而且使他们了解读书所能带来的好处。

沃尔顿当初开始经营零售业时，就对传统做法不以为然，同样地，他们对慈善事业的传统做法也不赞同。他们要打破自古以来关于教育人们的一些定则，要帮助自尊受损的人站起来，要激励平常人做出不平凡的事业。他们的做法就是邀请有关人士，大家一起为此目标而奋斗。

沃尔顿热衷于教育改革，并不是因为某些人的意见，或是看到某篇文章，而是从每天的商店经营中看到改革的必要。以前只要你聪明伶俐加上努力工作，就足以在沃尔玛公司中得到升迁的良机。但是如今公司组织非常复杂，而且在科技与通讯领域内发展十分迅速，这方面的技术与知识已成为沃尔玛经营的一个必不可缺的部分。这对于那些希望跟上世界工商业发展趋势的人来说已算不上是什么新闻了，它也是他们努力前进的方向。所以必须给员工提供更好的教育与训练，这是他们成败的关键。

※ 162 慈善事业

沃尔顿致力于慈善事业，但是多年来有件事一直困扰他。那些蓄意诽谤的人说沃尔玛公司捐献得不够多，没有达到公司的标准，沃尔顿想这种标准也许是管理慈善事业的人自己订出来的。像许多其他大公司一样，沃尔玛公司也举办一项称为“联合路”（UnitedWay）的活动，每年员工们都热心参与，搞得十分成功。他们喜欢进行立足当地的慈善活动，因此给那些愿意为他们自己选择的慈善活动捐钱的员工制订了一个捐赠比赛计划。我们还大力资助一个为协助本地儿童医院而开办的电视节目，它称为“儿童的奇迹”。有一年，沃尔玛公司及其员工共捐赠750万美元给这个节目，成为最大的捐赠人。

沃尔顿想有许多公司利用慈善事业活动来提高公司的形象，也就是考虑公司整体所能实现的利益。不过在他看来，沃尔玛公司则是一种完全不同的企业，他们努力不断改善管理，是要为在他们社区生活和工作的人们提供更美好的东西。沃尔玛公司由于经营十分有效率，从而为顾客节省了数十亿美元。无论你相信与否，为顾客节省金钱，这本身就是一种回报，它也是沃尔玛公司经营哲学的基石。比如，去年他们的营业额是430亿美元。而从1982年到1992年，他们的平均营业额是每年130亿美元，总计是1300亿美元。假设他们只为顾客节省了10%——这还是保守的估计，那么等于为顾客节省了130亿美元。只有在自由市场体系内他们才可能如此有效率地经营，这130亿美元就是自由市场体系的产物，它也正是顾客如此喜爱他们的原因。事实上，沃尔玛公司大大改进了大多数乡村地区的生活水平，对自己的员工也很照顾。其中一些情况读者可能已经有所了解。员工们有大约20亿美元的利润分享基金，有些本来可以捐给慈善机构。不幸遭遇事故的员工，沃尔玛会提供抚恤金。每年，每家沃尔玛公司的商店还资助该社区内的一名学生，给予奖学金1000美元。虽然如此，他们很清楚沃尔玛公司不是慈善事业，也不应该是。从公司拿走大笔现金捐赠给慈善机构，对股东或顾客来说，其实是不公平的。几年前，海伦说本顿维尔的员工需要一流的运动设施，他们自己拿了几百万美元出来，再加上好几年的分红奖金以支付建造费用。他们愿意拿钱出来，是为了表达对员工真挚的感谢，而且沃尔顿认为要求顾客或股东付这笔钱是不对的，尽管这件事很有意义。沃尔玛公司的一些干部可能想要编制一大笔预算来搞慈善事业，但沃尔顿他们没这么做，因为股东可能喜欢多分红利，他们可以去搞自己的慈善活动。

※ 163 “把美国带回家”活动

有些早期的股东，尤其是早期的分店经理，他们对社区的慷慨解囊，真令沃尔顿感到非常骄傲。威拉德·沃克和查利·鲍姆两位先生正是利用在沃尔玛公司工作所积累的财富来为社区作贡献的两个范例。也许沃尔玛公司回报社会的最重要方式，就是他们有责任利用这个庞大企业的力量来进行变革。一个较好的例子就是他们“把美国带回家”的活动，这是1985年为了响应美国日益增长的贸易赤字所举办的。

沃尔玛公司跟其他美国零售商一样，从海外进口许多商品。在有些情况下，进口是他们的唯一选择，因为美国制造的产品不是价格太高就是质量太差，或是价格与质量都缺乏竞争力，沃尔顿觉得有许多产品都是如此。他们想要努力改善这种情形。仅仅以盲目的爱国心要求大家不计成本购买美国货，那是不切实际的做法。于是他们跟其他零售商一样，只要美国产品生产有效率，能够提供良好的价值，他们都会采购美国货。在此不能大发慈悲，不能补助那些低于标准或无效率的生产。所以沃尔玛的主要目标是要同美国制造商们合作，并且看看他们的庞大采购力量能否帮助他们交运货物和节省制造工作。沃尔顿曾发出一封公开信给他们的供应商，邀请他们和沃尔玛一同参与这个计划。沃尔顿告诉他们：“沃尔玛公司相信美国工人可以做得很好，只要管理层好好领导的话。”他们自己对其成果颇为惊讶。事实上，如果沃尔玛公司进行大量采购，并让厂商有充裕的时间生产交货，许多美国制造商都能在原材料购买、人员调配与库存成本方面节省下许多金钱，获得可观的效率。因此，他们能够以竞争价格提供许多商品——如法兰绒衬衫、蜡烛、男士针织衫、女士绒线衫、自行车、照相软片、录像带、家具，甚至玩具。沃尔顿也仔细评估从国外采购的操作情况，发现存在许多隐含成本，例如货物装船离港之后，就算是他们的库存了。运用这些数据，拟出一个公式，从而能详细比较采购国外产品与国内产品的价格差异，如果价钱和质量相差不超过5%，沃尔顿就会选择美国产品。

最后发现以前采购进口货物，其实是一种无意识的条件反射，并没有真正去寻找其他可供选择的方式。过去，他们只是拿着销售最好的美国制造产品，到亚洲去对人们说："你能不能制造出像这样的产品，我们要10万件，如果质量稳定，我们就下订单。"沃尔顿相信许多其他零售商都这么做过。今天，他要求沃尔玛的采购人员在开信用证给远东地区之前，到南卡罗来纳州的格林维尔、亚拉巴马州的多森、密苏里州的奥罗拉，以及宾夕法尼亚州、纽约州、俄亥俄州或新罕布什尔州许多小地方去看看。如果他们能够略微不怕麻烦，继续给他们生意——而且这些制造商会继续提供许多富有创造力的计划——沃尔顿想这个构想仍然会留下巨大的潜力。同往常一样，有些人批评他的这个构想，他们大多是工会的人。他们会说沃尔顿挂羊头卖狗肉，典型的萨姆·沃尔顿式的促销手法，目的在于稳瞒店内所销售的货物许多仍是进口货的事实。沃尔顿想，这些人真是生活在过去，他们不相信自由市场，排斥新的解决办法。他们关心的只是工会的工作，坦率地说其工作不是造成工资过高就是缺乏弹性，被市场所抛弃。由于沃尔玛尽量向国内采购，估计挽救或创造了10万个制造业的就业机会。因此，任何人批评"把美国带回家"活动是在搞宣传噱头之前，应该听听因为该活动而保住工作的人们的心声。

※ 164 衬衫生意

法里斯·伯勒斯，是阿肯色州布林克利市法里斯服装厂总经理，这件事情是布林克利所发生过的最好事情，也是伯勒斯曾遇到过的最好事情。以前伯勒斯和范赫森订有合同，为彭尼公司和西尔斯公司供应服装。但是到1984年，他告诉他们说，所有的订单都转到中国去了。他们为了维持这里90个人的就业机会，每个季度都辛苦经营，直到有个自称是萨姆·沃尔顿的家伙打电话来。他的确就是萨姆·沃尔顿，而且他要求他们生产50000打的法兰绒衬衫。伯勒斯与许多买主们谈过生意，只有沃尔顿看着伯勒斯的眼睛对他说："孩子，如果你无法从这笔生意赚到钱，就不要做。"大多数零售商才不管制造商能否赚钱呢。总之，现在他们为沃尔玛公司生产250万件衬衫，而且员工人数从沃尔玛打电话时的90人发展到今天的320人。

伯勒斯知道这都是沃尔玛公司的赐了，每年圣诞节服装厂的员工都会感谢沃尔玛公司。这项计划完全不包含任何慈善因素，事实上沃尔顿可以自豪地说，它对沃马特公司也有直接的好处。他们每挽救一个工作机会，就为沃尔玛公司创造一个潜在的顾客，因为他不必担心没有钱购物。他们有工作，但是有顾客，因此双方都能从中得利。法里斯公司是他们早期的成功案例，自此以后沃尔玛与各家大小厂商做了不少生意，包括菲尔德克雷斯特·坎农公司（FieldcrestCannon）、3M公司、阳光公司（Sunbeam）、米罗·福莱公司（MirroFoley）、美国电子公司（U.S.Electronics）、肯托格斯公司（Kentogs）、资本使者公司（Capital–Mercury）、咖啡先生公司（Mr.Coffee）、拉斯可公司（Lasko）以及赫菲公司（Huffy）。

该计划从1985年开始，到1991年底为止，他们估计从国外采购转为购买美国制造的商品，其零售总值超过50亿美元。为了让每个人记得这件事，沃尔玛将最近的成绩与成功故事贴在采购人员出入大楼必经的门口，从而让他们在下订单之前，都会再好好考虑一番。出于相同的精神，鼓励供应商与制造商减少不必要的浪费，例如过分的包装。目前他们较新的计划是，将自创品牌的“萨姆美国精选”（Sam’sAmericanChoice）产品营业额的2%捐做奖学金，提供给学习数学、科学与计算机的学生们。如今沃尔玛公司在零售业的影响力，甚至可说是达到了举足轻重的地步。所以沃尔顿觉得必须让员工记住，现在情况跟以前不一样了。以前他们处于竞争的劣势，必须锱铢必较才能生存，现在他们仍要精打细算，但是更加不可滥用沃尔玛的力量。他们必须找出更多的方法，比如“把美国带回家”之类活动，从而利用他们的影响以回报社会。

※ 165 企业成功经营的十大规则

如果你花费很多时间和沃尔顿谈论沃尔玛公司的成功时，你会注意到，他总是说，“这是整个事情的关键”，或者，“那是我们真正的秘诀”。他和其他人一样，知道成功并没有秘诀。有许多不同的因素使企业得以顺利运转，要他把这些称之为“关键”或“秘诀”的东西讲一讲，恐怕得花上一整天的时间。

在将近50年的岁月中，沃尔顿始终能把握所有这些关键与秘诀，这才是他真正的秘密。近几十年来，零售业发生了很多变革，包括沃尔顿自己的一些理论。在此过程中，他们在一些具有重要意义的方面发生了许多变化，也采纳了一些新的规则——特别是在公司合伙制概念上。但在整个历程中，沃尔玛公司所依赖的大多数价值观念、规则和技巧都一直没有改变。其中一些只是简单的常识、古老的格言，看似不值一提。但这却是第一次，沃尔顿真正坐下来，认真地考虑这个问题。他很高兴自己这样做了，因为这对他来说是一项富有启发的反思。沃尔顿相信人们总是应该去追求目标，总应该把目标定得高一些。沃尔玛公司员工的前方总是有目标的。事实上，在星期六的晨会上他们有时会将目标实现的进展情况写在牌子上。这些规则绝对不应是经营中的十大戒律。这只是一些适合沃尔顿自己的规则。他总引以为自豪的是敢于冲破别人的规则，沃尔顿也总喜欢那些向他的规则挑战的人。沃尔顿可能一直在跟他们斗，但他尊敬他们，而且最后，较之那些唯唯诺诺者，沃尔顿更多地倾听这些异己者的意见。因此应该特别重视第十条规则，而且如果你能正确诠释其中真正精神——为你自己所用——它就是：打破一切规则。下面就是萨姆经营企业的规则：

规则1：敬业。要比任何人更相信这一条。沃尔顿想他正是通过工作中的绝对热情克服了身上的每一个缺点。他不知道你是否生来就有这种热情，或者可以后天学会，如果你热爱工作，你每天就会尽自己所能力求完美，而不久你周围的每一个人也会从你这里感染这种热情。

规则2：与所有同事分享你的利润，把他们视为合伙人。作为回报，他们也将把你当作一位合伙人，最终你们将创造出超乎想象的业绩。如果你愿意，仍然可以保持对公司的控制权，但应当以合伙制的精神来扮演一个公仆式的领导角色。鼓励你的同事们持有公司的股份，将股权打折卖给他们，承诺退休后给予股票。这是沃尔顿曾做过的最好事情。

规则3：激励你的合伙人。仅仅金钱和所有权是不够的。每天经常想一些新的、较有趣的办法来激励你的合伙人。设置高目标，鼓励竞争，并且进行评分。奖励要丰厚，如果招式已变得乏味，可以进行相互得益的交流以推陈出新；让经理们互相调换工作以保持挑战性。让每个人都去猜测你下一步的计策会是什么。不能让别人一猜就中。

规则4：交流沟通。尽可能地同你的合伙人进行交流，他们知道越多，理解就越深，对事物也就越关心。一旦他们开始关心，什么困难也不能阻拦他们。如果你不信任自己的同事，不让他们知道事情的进程，他们会知道你没有真正把他们看作合伙人。情报就是力量，你把这份力量给予你的同事后所得到的益处将远远超出消息泄漏给竞争对手所带来的风险。

规则5：感激你的同事为公司所做的每一件事。支票或股票可以收买某种忠诚。但所有的人都喜欢得悉某人感谢为之所做的工作。沃尔顿喜欢经常听到这种感谢，特别是当自己做了某项引以为豪的工作时。任何东西也不能替代几句精心措辞、适时而真诚的感激言辞。它们不花一分钱，但却珍贵无比。

规则6：成功要大肆庆祝，失败则不必耿耿于怀。不要对自己过于严肃，尽量放松，这样你周围的人也会放松，充满乐趣，经常地显示激情。当一切不幸失败时，穿上一套戏装，唱一首傻呵呵的歌曲，其他人也会跟着你一起演唱。不要在华尔街上跳草裙舞，这已经有人干过了。设计出你自己的新噱头。所有这一切将比你想象到的更重要、更有趣，而且它会迷惑对手。“何必过于认真对待沃尔玛公司的那些蹩脚乐师呢？”

规则7：倾听公司中每一位员工的意见，并要想方设法广开言路。第一线的员工——真正与客户进行交流的人们——才是唯一知道实际情况的。你要尽量了解他们所知道的事情。这实际上也是全面质量管理的内涵。为了在组织中下放责权，激发建设性意见，你必须倾听同事们试图告诉你的一切。

规则8：要做得比顾客所期望的更好。如果你这样做了，他们将成为你的回头客。给予他们所需要的，并在此基础上再增加一点什么。让客户知道你感激他们。妥善处理你的过失，要诚心道歉，不要找借口。沃尔顿曾在第一家沃尔玛商店标牌上写过两个最重要的词“保证满意”。这标牌一直竖立着，它们造就了所有的这一切变化。

规则9：比对手更好地控制费用。从这里你总能找到一种竞争的优势。25年以来——早在沃尔玛公司成为全国最大的零售商之前——在零售业这个行业中，开支费用与销售额之比就一直位列最低。如果是高效营运，你可以犯很多不同的错误而依然能恢复元气。但如果运作效率低下，那么你可能显赫一时，最终却会败北。

规则10：逆流而上，另辟蹊径，藐视传统的观念。如果每个人都在走老路，而你选择一条不同的路，那你就有绝好的机会。但你要作好准备，许多人会来动摇你，告诉你路走错了。我猜想，在我一生中听得最多的莫过于这样一句话：在一个不超过5万人口的城镇，一家折扣商店是难以长久维持的。

以上是一些十分平常的规则，有些人甚至会说过于简单了。但其艰难之处，也即真正的挑战在于，你要不断地想出办法来执行这些规则，你不能墨守成规，因为周围的事物总在变化。若要成功，你不得不走在这些变化的前面。

※ 166 回忆过去

沃尔顿的生活充实而愉快，挑战和回报都超过了他最大的期望。在整个回合中他一直掌握着主动权。很多人从事着自己并不特别喜欢的工作，而沃尔顿却一生都热爱自己的工作。假如某一刻他不是在自己的商店给同事们打气以创造更好的业绩，或者坐在办公室检查报表以发现是不是有麻烦需要解决，或者在周六的晨会领导着大伙喊口号，那么沃尔顿有可能会坐在自己飞机的操纵杆旁，俯瞰着这个美丽国家，顺便看看停在凯马特停车场上的小汽车数目，或者有可能花上几个小时打网球或带着狗打猎。所有这一切，现在对沃尔顿而言都已不大可能去做了。这些天来沃尔顿真的病了，他猜想当人变得老了，而且病魔缠身时，思考自然会变得很富有哲理——特别是当夜深人静、难以入眠之际，大脑就会像清点存货那样一遍又一遍地回忆起自己走过的路、做过的事。事实上，如果他没有生病，沃尔玛怀疑自己是否会去写书，或者花那么多时间去清理自己的一生。

正如你所知，由于个人性格关系，沃尔顿对这样的案头工作还抱有偏见。但既然已经这么做了，他将把它干完，并和你一起分享他来说非常重要的一些东西。这听上去会使熟知他的人感到奇怪，但最近沃尔顿一直在思考，如此全身心地投入沃尔玛公司，他是否感到后悔。放弃所有和家人共度的时光是否真正值得？这些年来是不是应该这么驱使他的合伙人们拼命干活？是否真的留下了可让他引以自豪的事业？或者当他现在面对最后挑战时，这一切其实已都失去了意义？

在某些时刻，如果当时采取不同的选择，将会有许多不同的结果。许多人同沃尔顿一样在零售业开创自己的事业，但把公司发展到一定规模之后，他们就说“我已经赚够了”，于是将公司出售，去买下一座小岛坐享清福。沃尔顿也可以功成身退，和子孙们一起玩要，或者同妻子一起把余生献给其他较为轻松的工作。他不知道在这世界上是否还有其他人会和自己一样：从一个十足的新手起步，学习生意经，擦地板，记账，装饰橱窗，称糖果，管理收银机，装潢店堂，安置设备，建立起一个这样规模和质量的公司，并且一直坚持到最后，而这一切的原因是沃尔顿非常喜欢这么干。

沃尔顿的成就是用生命换来的。如果沃尔顿想达到他已设定的目标，他就不得不每天为之奋斗，费尽心思，坚持不懈。每天起床开始沃尔顿就想着要去改进一些东西。他一直被一种追求卓越的念头所驱使。但在更广泛的意义上——生命和死亡的意义——他是否作了正确的选择？沃尔顿对此思考了很久之后，如果能从头来过，他还会做出同样的选择。牧师安抚他们的心灵，医生医治他们的疾病，教师启迪他们的智慧。每个人都要扮演自己的角色。事实上，沃尔顿确信唯一可以改善人们生活质量的办法，就是以正确和道德的方式来发展称之为“自由企业”的机制，它对大萧条时期成长起来的这代人来说是真实可信的。而且沃尔顿也确信没有几家公司能像沃尔玛一样。他们提高了顾客的生活水平，为他们节约数以亿计的美元，也改善了沃尔玛员工的生活水平。而这两大团体中的许多人又投资于他们的股票并年年获利。沃尔玛的经营策略是以尽可能低的价格出售质量最高的商品，吸引顾客上门。它确实有效，而他们中有些人一开始就相信此策略，并且投下资本，后来就发了财。显然，并不是在沃尔玛公司工作的每个人都发了财。但这些年来有许多同仁购买了他们自己的第一辆汽车，购买了自己的第一幢住房，有些员工退休后获得了百万美元的利润分享。与绝大多数的公司相比，他们在更大程度上帮助了他们的员工，这归功于“升华了的个人利益”。出于对“个人利益”的考虑，沃尔顿从一开始就看到了让员工分享利润对于公司的价值。

同样，沃尔玛公司的这些员工，如果相信沃尔玛的理想和目标并身体力行，他们会从整个经历中得到一些精神上而非宗教意义上的满足。他们学会了站直身子，正视客户并和他们交谈，培养良好的自我感觉，一旦他们开始赢得自信就没有理由阻止他们改善自我。他们中的很多人决定去读大学，或经营一家商店，或者学点想学的东西并开创自己的事业，或者去做一项引以自豪的工作。沃尔玛公司填满了他们的钱包，也树立了他们的自尊。当然会有一些工会的人或者中间商不同意沃尔顿的观点，但他相信倘若沃尔玛公司不存在，数以百万的人不会过得像今天这么富足。因此他对自己的选择十分自豪，对于如何度过此生的抉择感到很满足。

※ 167 展望未来

沃尔顿确信一件事情，那就是他们的确改变了这个国家的零售业。像索尔·普赖斯、哈里·坎宁安和约翰·盖塞，他们同样做出了许多贡献。零售业的整个经营哲学由于优秀的折价零售商的产生而得以彻底改变，而沃尔顿认为这些折价零售商中他们自己是最优秀的。差不多从一开始，沃尔玛的目标就是薄利多销，充分利用他们自己的力量，同供应商打交道，以便让他们为顾客提供最好质量的商品。本行业现在还有许多人仍然在设法提高商品的售价，而实际他们是走错了路。那些公司如果不为顾客着想，一切不从顾客的利益出发，那么他们早晚会在激烈的竞争中受到重创，而那些过于贪婪的家伙注定会被淘汰。那些在沃尔玛公司所学到的教训，不仅可以用在零售业，而且也适用于许多其他行业。你可以学到的第一件事是：自由企业是这个社会进步的动力，没有什么能与以市场经济为基础的一个自由社会相比较。没有东西可以动摇这一制度，除非领导和管理层变得自私和懒惰。在未来，自由企业制度将会运作得更为完美，这意味着大家都可从中获益，包括工人、股东、公众，当然还有管理者，但其条件是管理阶层必须有一种公仆式的领导作风。沃尔顿认为不容置疑地存在这样一个事实，美国的领导管理层过于先己后人。日本人在这点上是对的：在分配格局过于一边倒的情况下，是不可能建立团结精神的。整块蛋糕，管理者分得过多，而工人甚少。每个人都知道，有些收入高得太离谱。很明显，如果把经理们的收入和公司经营状况或者给股东们的投资回报，或者与一些能反映他们工作成就的衡量指标挂起钩来，企业就会运作得更好。应该制定一个公式，根据各自的贡献和风险，公平地分配利润给工人、股东和管理者。在沃尔玛公司，沃尔玛支付给管理者的薪水比一般企业水平低，有时可能显得过低。但经常给他们奖励公司的股票红利和其他与企业经营密切相关的东西。公司发达了，他们也富了，这绝不是巧合。沃尔顿相信认识事物的方法是对头的，而且还可以延续下去，直到下一个世纪。世界范围内的做生意方法都在改变，而这些变化恰恰反映出沃尔玛的经营模式。在全球经济中，成功的经营都在做着沃尔玛公司努力所做的事情：即赋予那些第一线工作的雇员，那些每天和顾客打交道的人以更多的决策责任。良好的管理首先应该倾听第一线员工们的声音，汇总他们的建议并把它们分解到各执行部门。这是那些成功企业正在做的事情，比如3M公司、惠普公司和通用电气公司以及沃尔玛公司。你只要去倾听和寻找，优秀的点子无处不在。你不可能知道谁将会有一个好主意。

因此，可以用零售业的这种方法去改变整个世界。甚至还会比日本人干得更出色，因为沃尔玛更具革新与创造精神。他们可以同孟加拉或其他地方的廉价劳动力相竞争，因为沃尔玛拥有高技术，可以提供更高效率的机器设备。还可以超越传统的竞争对手关系，并与他们的供应商和雇员建立一种共同致胜的合作关系，这能使人们将更多的精力与才华集中于重要的事情，以满足顾客们的要求。但这一切都需要去克服人类天性中最顽强的阻力：即对变革的抵制。为了在这个世界中获得成功，你不得不时刻进行变革。

如今汽车业与日本并不是在同等水平上竞争。但沃尔顿觉得他们不应该使用贸易保护，因为这并不能真正解决问题，不管他们愿意承认与否，沃尔玛产品的质量无法与日本人的相竞争。这对管理层是一个巨大的挑战，美国汽车业应该做的是先须和他们的员工建立合伙关系。沃尔顿知道汽车业所面临的问题要比他们从事的行业多得多。确实，美国的汽车工人每小时得支付22美元，而日本工人则为16美元，墨西哥工人则更少，并不是说沃尔顿能够解决所有这些问题，但他乐意去尝试接管一家有工会组织的企业，并向员工们推销一种建立全球性竞争的观点——无论是在汽车业、钢铁业，还是电子行业。他将乐意有机会看到他们是如何得到激励而形成一个团队，分享公司的成功，而同时工会仍然存在。这需要许多说服工作才能促成，但他保证，只要有人肯坚持贯彻就一定能成功。如果美国的管理层想要对工人们说，“我们是站在一起的，”那么他们就首先得停止许多愚蠢的事情，比如每年支付给自己三四百万美元红利，坐着高级豪华汽车和公司的喷气式飞机到处兜风，好像他们高人一等。每家公司都应该像沃尔玛那样小家子气。并非每个人都要像折价零售业一样，尽可能为顾客省下每一块美元。但沃尔顿怀疑很多公司不会这样做。当他这么做时，抵触情绪就会产生，而整个团队精神就会出现裂缝。不过现在沃尔顿应该忘记过去所有的一切。

※ 168 期望留下一份遗产

想一想沃尔玛这份遗产的未来将会如何。沃尔顿相信，随着沃尔玛公司的奋斗和成长，它将不会辜负人们曾寄予的期望：美国欧扎克高原上的灯塔。他唯一希望，他们能在比他们家乡更广泛的地域传播沃尔玛式的思想，因为沃尔玛现在已经是世界性的公司。为了保持沃尔玛公司在公众心目中的地位，他们必须研究回馈公众的更多途径。对于那些已提到的，他们所做过的事情，沃尔顿感到无比自豪。同时他们早已着手研究进一步扩展的方法，以获得更多的、全面的社会理解。正如沃尔顿说过的，美国迫切需要一场教育革命。除了出于私利之外，他希望沃尔玛公司能够为之作出贡献。若没有强有力的教育制度支持，自由企业制度就不会正常运作，而像沃尔玛、IBM、普罗克特—甘布尔这样的公司就不出现在舞台上，国民经济实力就得不到加强。你或许很难相信这一点，但这句古老格言却百试不爽：付出越多，回报越厚。

有人曾经问沃尔顿两个问题，第一个是，类似沃尔玛这样的故事在今天这个时代是不是还会发生？他的回答是肯定的。此时某处就有一个人或成千上万个这样的人，有足够优秀的构想去走完这条路程。只要你有足够的决心去追求，这样的故事就会一遍又一遍重演。重要的是要具有对经营管理不断进行研究和提出问题的态度和能力。第二个问题是，如果沃尔顿是一个有着相同天才与精力的年轻人，怀着与50年前一样的抱负，从现在开始创业，他会从事什么工作？这个答案有点难以提供。因为沃尔顿不知道今天他会确切做什么，但他能够感觉到他一定会去推销一些东西，还希望是在零售业，在那儿他能和街头的顾客直接打交道。他还会研究今天的零售业并且提供最大的承诺：消费者将会花费最少的钱。也许从事专卖生意，也许推销和计算机相关的产品，或者开办类似加普商店这样的事业——甚至是健身商店。不管怎么说，当下次有个过于热切、行为略微古怪的店主在你地盘附近开一家小店时，在你迅速击败他之前，要记住沃尔顿在费那特维尔开廉价杂货铺时碰到的那两个老家伙，他们要他在60天里关门。而你应该去看一下那家新商店，看看他们卖些什么，又如何对待你，然后判断一下你自己是否会成为他们的回头客。因为这是所有问题的真正症结所在。在他们这个自由的国家里，开店成功与否完全取决于顾客。

※ 169 带着荣耀，安然离世

沃尔顿在生前的最后两年里，一直与骨癌和脊髓瘤奋战不懈，自从病情确诊以后，他就知道他已经是无可救药的了。就像他一生中面对其他挑战一样，他也是勇敢地面对病魔，充满乐观精神并尝试以新的方法去克服。因此，在全家人的鼓励下——并且在他的儿子约翰亲自悉心照料下——沃尔顿跟着一群优秀的医生进行了许多实验性的治疗。

他虽然接受治疗，但是他从来不花太多时间去谈论他的病，或者有什么能治疗的方法。相反，他努力抓紧时间，从1990年初病情确诊以后，他就一直在写作。这工作对他来说有点爱恨交织。于是，他取消了写作计划，选择他最喜欢的工作，将时间和精力都花在搭乘飞机巡视各家沃尔玛商店，看看他喜爱的同事们。到1991年底，他了解到病情已不允许他到处奔波，在家人和其他人的恳求下，沃尔顿在他尚有行动能力之际，决定重新将他的故事完成。一旦他决定要写作，他就像他一生中做任何事一样，全身心投入去完成他的写作计划。他对他的书非常讲究，每天写作、修改、增添轶事、修饰文笔，并要求其他人提供一些往事的回忆。3月初，他写书的精神仍然很高昂，但是身体状况已日趋恶化。这时，他得到了一生中最大的惊喜。白宫准备颁给他总统自由奖章，那是美国公民的最高荣誉。布什总统和第一夫人将到本顿维尔亲自把奖章颁给沃尔顿也因此荣誉而感到十分欣喜。在这种场合，总统对沃尔顿进行了褒扬：萨姆·沃尔顿，一个道地的美国人，他具体展现了创业精神，是美国梦的缩影。他关怀员工，奉献社区，而希望与众不同是他生平事业的特色。通过设立拉丁美洲奖学金，他使人们更加接近，并与他人共同分享他所代表的美国理想。他是忠实于家庭的男人，企业的领导人，也是倡导民主制度的政治家。萨姆·沃尔顿具有诚实、希望和努力工作的美德。美国向这位商业领袖致敬，祝他的生活和他的事业一样成功。

颁奖典礼在3月17日星期二早晨举行，地点在沃尔玛总公司的大礼堂内，那也是沃尔顿举行无数次星期六早晨会议的地方。几百位公司同仁齐聚一堂，在这个特别的日子，他们对沃尔顿的爱戴特别令人感动。他们表现得太感人了，连布什总统夫妇可能都颇感意外——更不用说白宫的新闻记者团，因为他们给总统一个最为热烈的沃尔玛式的欢迎。沃尔顿显然十分高兴，他把它称之为“我们整个事业最荣耀的一刻”。当然，他将他所有的荣耀与公司同仁们分享。但这也是令人沉痛的一天。他必须坐在轮椅上被推上讲台，许多公司同仁都已感觉到，这可能是他们最后一次和沃尔顿在一起。当天，会场里洋溢着一种荣耀的气息——但也有许多回忆与泪水。

几天后，沃尔顿住进了小石城的阿肯色大学医院。即使在他在世的最后几个星期里，他仍然很高兴地做他以前喜欢做的事。除了家人以外，在他去世前跟他谈过话的外人中，有一位就是当地沃尔玛商店的经理，来和沃尔顿聊聊店内本周的销售数字。获得自由奖章后不到三个星期，也就是沃尔顿74岁生日后数日，他与癌症的抗争终于结束。4月5日星期日早晨，沃尔顿平静地走了——他面对死亡就像他面对生命一样地令人深有所感。